RUDOLF STEINER GESAMTAUSGABE
VORTRÄGE

VORTRÄGE ÜBER NATURWISSENSCHAFT

RUDOLF STEINER

Naturbeobachtung, Experiment, Mathematik und die Erkenntnisstufen der Geistesforschung

Acht Vorträge, gehalten in Stuttgart
vom 16. bis 23. März 1921
und ein Diskussions-
votum am 23. März 1921

1991

RUDOLF STEINER VERLAG
DORNACH/SCHWEIZ

Nach einer vom Vortragenden nicht durchgesehenen Nachschrift
herausgegeben von der Rudolf Steiner-Nachlaßverwaltung
Die Herausgabe besorgten Hendrik Knobel, Gian A. Balastèr
und Andreas Dollfus

1. Auflage unter dem Titel:
«Mathematik, wissenschaftliches Experiment, Beobachtung und
Erkenntnisergebnisse vom Gesichtspunkt der Anthroposophie»
Stuttgart 1948

2. Auflage, neu durchgesehen und um das Diskussionsvotum
vom 23. März 1921 erweitert
Gesamtausgabe Dornach 1972

3. Auflage, ergänzt um die Zeichnungen
Gesamtausgabe Dornach 1991

Veröffentlichungen in Zeitschriften siehe Seite 151

Bibliographie-Nr. 324

Alle Rechte bei der Rudolf Steiner-Nachlaßverwaltung, Dornach/Schweiz
© 1972 by Rudolf Steiner-Nachlaßverwaltung, Dornach/Schweiz
Printed in Germany by Greiserdruck, Rastatt
ISBN 3-7274-3242-X

Zu den Veröffentlichungen
aus dem Vortragswerk von Rudolf Steiner

Die Grundlage der anthroposophisch orientierten Geisteswissenschaft bilden die von Rudolf Steiner (1861–1925) geschriebenen und veröffentlichten Werke. Daneben hielt er in den Jahren 1900 bis 1924 zahlreiche Vorträge und Kurse, sowohl öffentlich als auch für die Mitglieder der Theosophischen, später Anthroposophischen Gesellschaft. Er selbst wollte ursprünglich, daß seine durchwegs frei gehaltenen Vorträge nicht schriftlich festgehalten würden, da sie als «mündliche, nicht zum Druck bestimmte Mitteilungen» gedacht waren. Nachdem aber zunehmend unvollständige und fehlerhafte Hörernachrichten angefertigt und verbreitet wurden, sah er sich veranlaßt, das Nachschreiben zu regeln. Mit dieser Aufgabe betraute er Marie Steiner-von Sivers. Ihr oblag die Bestimmung der Stenographierenden, die Verwaltung der Nachschriften und die für die Herausgabe notwendige Durchsicht der Texte. Da Rudolf Steiner aus Zeitmangel nur in ganz wenigen Fällen die Nachschriften selbst korrigieren konnte, muß gegenüber allen Vortragsveröffentlichungen sein Vorbehalt berücksichtigt werden: «Es wird eben nur hingenommen werden müssen, daß in den von mir nicht nachgesehenen Vorlagen sich Fehlerhaftes findet.»

Über das Verhältnis der Mitgliedervorträge, welche zunächst nur als interne Manuskriptdrucke zugänglich waren, zu seinen öffentlichen Schriften äußert sich Rudolf Steiner in seiner Selbstbiographie «Mein Lebensgang» (35. Kapitel). Der entsprechende Wortlaut ist am Schluß dieses Bandes wiedergegeben. Das dort Gesagte gilt gleichermaßen auch für die Kurse zu einzelnen Fachgebieten, welche sich an einen begrenzten, mit den Grundlagen der Geisteswissenschaft vertrauten Teilnehmerkreis richteten.

Nach dem Tode von Marie Steiner (1867–1948) wurde gemäß ihren Richtlinien mit der Herausgabe einer Rudolf Steiner Gesamtausgabe begonnen. Der vorliegende Band bildet einen Bestandteil dieser Gesamtausgabe. Soweit erforderlich, finden sich nähere Angaben zu den Textunterlagen am Beginn der Hinweise.

INHALT

ERSTER VORTRAG, Stuttgart, 16. März 1921 9
Die drei Formen der Wissenschaft. Naturbeobachtung, Experiment und die mathematische Durchdringung der Natur. Vom Wesen des Experiments. Die Sicherheit der mathematischen Erkenntnis. Psychologie einst und jetzt. Vom Wachstumsgesetz bei Knaben und Mädchen. Das gewöhnliche Naturerkennen. Die Philosophie des David Hume. Das mathematische Erkennen als innerlich konstruierende Tätigkeit. Geist-Erkenntnis als innere, die Wirklichkeit umfassende Aktivität.

ZWEITER VORTRAG, 17. März 1921 28
Die Gliederung des Menschen in Nerven-Sinnessystem, rhythmisches Gefühlssystem und Stoffwechsel-Willenssystem anhand der Darstellung im Buche «Von Seelenrätseln». Inneres Wesen von Sehen, Armbewegung und Gehen in bezug auf die drei Dimensionen des Raumes.

DRITTER VORTRAG, 18. März 1921 43
Die Erklärbarkeit der Natur aus sich selbst heraus und die übersinnliche Welt. Gewöhnliches und mathematisches Naturerkennen. Die Anwendbarkeit des mathematischen Erkennens auf die mineralische, tote Welt; die Gewinnung einer Anschauung des Vegetabilischen durch das imaginative Erkennen. Die zwei Arten des Hellsehens. Die Lehre von der Subjektivität der Sinneswahrnehmung. Die Zweiheit des Auges als physikalischer Apparat und als ein lebendig Durchströmtes. Die Anwendung dieser Anschauung auf den ganzen Menschen. Die Sehnsucht nach Erweiterung und Vertiefung unseres Erkennens.

VIERTER VORTRAG, 19. März 1921 60
Das imaginative Vorstellen als Erkenntnis der allgemeinen Lebenswelt. Gustav Theodor Fechner. Das Erarbeiten der imaginativen Methode. Über den Verstand. Die Nervenorganisation als synthetisches Sinnesorgan. Erinnerungsvorstellungen und imaginatives Vorstellen. Die Liebe als Hilfe zur Erkraftung des Vergessen-Könnens. Die Selbstzucht als Erhöhung der Erkenntniskraft. Der Bildcharakter der Vorstellung. Das Hereinfließen der Realität in die Vorstellung durch Inspiration. Das Joga-Atmungssystem.

FÜNFTER VORTRAG, 21. März 1921   77
Moderne Sinnesphysiologie und die Lehre von den zwölf Sinnen. Der Gehirnforscher Meynert. Kontroverse im Giordano Bruno-Bund über das Wesen des Vorstellens. Die Psychologie Theodor Ziehens. Analytische und synthetische Geometrie. Moriz Benedikt und die Mathematik. Inspiratives Erkennen des rhythmischen Systems. Das Jogasystem. Das Wesen der Symbolik. Der psychologische Ursprung der Kulthandlung. Der moderne Verstand. Frühere Kulthandlung und modernes wissenschaftliches Experiment.

SECHSTER VORTRAG, 22. März 1921   96
Der Vorgang der Erinnerung und seine Umwandlung in Imagination und Inspiration. Der Verstand in der modernen Naturwissenschaft und bei Goethe. Das Phänomenale und das Urphänomen. Die verstärkte Tätigkeit des Vergessens als Erlebnis der inneren Freiheit. Vom Wesen der Erinnerung zum Erkennen des menschlichen Inneren: Leber, Niere. Die heilige Therese, Mechthild von Magdeburg. Die Bildung des Nervensystems. Die Vorträge über «Anthroposophie» aus dem Jahre 1909 und das Buch «Anthroposophie. Ein Fragment». Die Entsprechung eines oberen und eines unteren Organs im Menschen. Spirituelle Psychologie und Therapie.

SIEBENTER VORTRAG, 23. März 1821 116
Vom Wesen der Intuition. Geschwulstbildung und ihre Heilung. Intuition als Umkehrung der Sinneswahrnehmung. Das Glaubenserleben als dumpfe Intuition. Das Leben vor der Geburt und nach dem Tode, die wiederholten Erdenleben. Einschlafen und Aufwachen. Über Methodik der Geschichtsschreibung. Dante, Luther, Konstantin, Julian Apostata. Von dem Erleben der nicht zur Darstellung kommenden Kräfte in der Geschichte. Nachprüfung übersinnlicher Tatsachen. Das Experiment und seine Konsequenzen für das menschlich-wissenschaftliche Erleben der Neuzeit. Die geisteswissenschaftliche Erkenntnis als Befruchtung der anderen Wissenschaften.

ACHTER VORTRAG, 23. März 1921 136
Das Bild der Anthroposophie als das in einen Raum fallende Licht. Die Wissenschaftlichkeit der Anthroposophie und die soziale Frage. Die Waldorfschule und andere aus der Anthroposophie hervorgehende Insti-

tutionen. Die Notwendigkeit der Einheitlichkeit alles Wissens. Die Prüfung des anthroposophischen Wissens. Die Gegnerfrage. Das Vertrauen auf die studierende Jugend. Die Aufforderung an die Jugend: «Machet die Fensterläden auf!»

ANHANG

Diskussionsvotum, 23. März 1921 146
Über Dante. (Im historischen Seminar)

Hinweise

Zu dieser Ausgabe 151

Hinweise zum Text 151

Namenregister 157

Übersicht über die Rudolf Steiner Gesamtausgabe 159

ERSTER VORTRAG

Stuttgart, 16. März 1921

Verehrte Anwesende, verehrte Kommilitonen! Geisteswissenschaft, wie sie auch durch diese anthroposophischen Hochschulkurse weht, muß sich in der Gegenwart ihr Recht, ihre Geltung im wahren Sinne des Wortes erkämpfen. Es könnte zunächst auffällig erscheinen, daß das so ist, denn derjenige, der die Triebkräfte dieser anthroposophisch orientierten Geisteswissenschaft ein wenig kennengelernt hat, kann ja bemerken, wie sie gerade durchaus sich stellt auf den Boden wissenschaftlicher und sonstiger Kulturforschungen der Gegenwart, wie sie durchaus rechnet mit alldem, was dem Geistesleben der Gegenwart als Notwendigkeit zugrunde liegt. Wenn sie dennoch zu kämpfen hat, so muß man bedenken, daß sie als solche anthroposophisch orientierte Geisteswissenschaft zunächst gegen die stärksten in der Gegenwart vorhandenen Vorurteile sich wenden muß. Sie ist gewissermaßen die naturgemäße Gegnerin alles desjenigen, was noch als reaktionäre Mächte in den Seelen unserer gegenwärtigen Menschen vorhanden ist. Und wer das nur ein wenig zu beachten in der Lage ist, der weiß, daß viel Reaktionäres in den Seelen der gegenwärtigen Menschen vorhanden ist.

In diesen Vorträgen wird es meine Aufgabe sein, gleich von der wissenschaftlichen Seite her das Recht und die Bedeutung der hier gemeinten Geisteswissenschaft darzulegen. Ich werde von verhältnismäßig elementaren Dingen auszugehen haben, um dann im Laufe der Vorträge allmählich immer weiterzuschreiten zu einer wirklichen Menschenkenntnis vom Gesichtspunkte dieser anthroposophisch orientierten Geisteswissenschaft. Und ich werde mich bemühen, da ich ja vorzugsweise werde über Methodologie zu sprechen haben, dennoch durch die Wahl der Beispiele, die ich im Verlauf dieser Vorträge gebrauchen werde, Sie einzuführen in einzelne Kapitel und Sonderfragen dieser Geisteswissenschaft, im allgemeinen und in ihrer Bedeutung für die einzelnen Fachwissenschaften der Gegenwart.

Zu alldem möchte ich aber heute, in dem ersten dieser Vorträge, zunächst eine Art von Einleitung geben. Ich möchte zunächst darauf hinweisen, wie die gegenwärtige wissenschaftliche Denkungsart immer mehr und mehr dazu gekommen ist, in dem Experiment, in dem wissenschaftlichen Experiment ihre Hauptstütze zu finden. Damit steht ja gegenwärtiges wissenschaftliches Denken in einem gewissen Gegensatz zu älteren Erkenntnisarten, zu denjenigen Erkenntnisarten, die vorzugsweise von der Beobachtung, wie sie die Natur und die Welt überhaupt dem Menschen darbieten, ausgegangen sind. Es ist etwas anderes, ob man ausgeht von der von Natur und Welt fertig dargebotenen Tatsache und diese beobachtet, oder ob man die Bedingungen eines Vorganges erst herstellt und so unter Kenntnis der Herstellungsbedingungen eine Tatsache beobachten kann und zu gewissen wissenschaftlichen Ergebnissen durch diese Beobachtung geführt wird. Sie wissen aber auch, daß die neuere wissenschaftliche Denkweise immer mehr und mehr dazu geführt worden ist, in das Beobachtungsmaterial – überhaupt auf dem Gebiete der Naturwissenschaft selbst – mathematische Gedanken, mathematische Ergebnisse einzuführen. Sie kennen ja alle gewiß den von Kant einmal getanen Ausspruch, daß in jeder einzelnen Wissenschaft nur soviel wirkliches Wissen, wirkliche Erkenntnis stecke, als in ihr Mathematik vorhanden ist. Sowohl in die Beobachtung wie in das Experiment sollen mathematische Gedanken, mathematische Ergebnisse eingeführt werden. Dadurch fühlt man sich in einem gewissen sicheren Element, man fühlt, daß man zu einer Reihe von Tatsachen, die man in der Lage ist mit mathematischen Formeln zu übergreifen, ein ganz anderes Erkenntnisverhältnis hat als zu solchen Tatsachen, die man einfach ihrer empirischen Lage nach beschreibt. Dieses Sicherheitsgefühl, das man im mathematischen Behandeln hat, das ist etwas, was charakteristisch ist für wissenschaftliche Denkweise seit langem schon.

Nun aber kann man nicht sagen, daß heute schon ein deutliches, wirkliches Bewußtsein vorhanden ist von den Gründen, warum man sich mit der mathematischen Behandlung von Natur und Welt so sicher fühlt. Und gerade ein deutliches und klares Erkennen dieser Tatsache des Sich-sicher-Fühlens innerhalb der mathematischen Behandlungsweise wird uns auch hinführen zu der Anerkennung der Notwendigkeit, daß es eine Geisteswissenschaft in dem hier gemeinten Sinne geben müsse. Diese Geisteswissenschaft, sie ist durchaus nicht darauf angewiesen etwa, ich möchte sagen, von naturwissenschaftlicher oder sonstiger wissenschaftlicher Fachtüchtigkeit sich ihre Anerkennung erbetteln zu müssen. Diese Geisteswissenschaft will auf jedem ihrer Gebiete durchaus mit der wissenschaftlichen Gewissenhaftigkeit der modernen Zeit rechnen, und sie will außerdem gegenüber all demjenigen, was diese moderne Wissenschaftlichkeit an Zweifeln, Rätseln und unerledigten Fragen heraufbringt, eine sichere Stellung gewinnen, sie will gerade Wissenschaft in einem ganz bestimmten Sinne auf eine sichere, auf eine im mathematischen Sinne exakte Grundlage stellen.

Ich brauche Sie nur auf eine ganz einfache Frage hinzuweisen und Sie werden schon sehen, daß gerade das sichere Gefühl im mathematischen Behandeln uns ja, ich möchte sagen, auf dem halben Wege des wissenschaftlichen Strebens sogleich in eine Unsicherheit hineinführt. Was sollen wir denn zum Beispiel mit einer Wissenschaft, wie die Geschichte es ist, anfangen, wenn in jeder Wissenschaft nur soviel wirkliche Erkenntnis stecken soll, als in ihr Mathematik drinnen ist? Und wie sollen wir den Tatsachen der menschlichen Seele gegenüber zurechtkommen, wenn wir alle, ich möchte sagen, die Plackereien durchgemacht haben, welche die mathematisierende Psychologie, etwa der Herbartschen Richtung, entwickelt hat, um auch auf diesem Gebiete zu einer Sicherheit zu kommen? Man ist zu nichts anderem gekommen als dazu, einzusehen, daß es auf diesem Felde nicht geht, Mathematik in das Wissen einzuführen. Das ist gewissermaßen die erste Frage, die uns wird beschäftigen müssen: Was bedeutet diese mathematische Sicherheit gegenüber der menschlichen Erkenntnis? Und diese Frage, wenn wir sie zu einer gewissen Antwort bringen, wird uns gerade in die Berechtigung geisteswissenschaftlicher Untersuchungen hineinführen.

Ich habe ferner gesagt, daß die neuere Wissenschaftlichkeit das Experiment, bei dem man die Bedingungen eines Vorganges genau kennt, vorzieht der Außenbeobachtung, bei der sich die Bedingungen, ich möchte sagen, mehr in den Untergründen des Daseins verbergen. Selbst auf solchen Gebieten, wie es die Psychologie und wie es die Pädagogik ist, hat man in neueren Zeiten versucht, von der bloßen

Beobachtung zum Experiment überzugehen. Ich bemerke ausdrücklich, daß Geisteswissenschaft, so wie sie hier gemeint ist, gegen die berechtigten Ansprüche des Experiments weder auf dem Gebiete der Psychologie noch auf dem Gebiete der Pädagogik irgend etwas wird einwenden können oder sollen. Aber es handelt sich darum, zu durchschauen, worauf denn diese Hinneigung zum Experiment gerade auf solchen Gebieten der menschlichen Erkenntnis beruht. Wir können auf diesen Gebieten geradezu die rechte Einsicht gewinnen, worauf dieses Hinneigen zum Experiment beruht. Gehen wir daher für einen Augenblick gerade auf dem Gebiete der Psychologie und der Pädagogik von dem Übergange zum Experiment aus. Wir können da sehen, wie bis vor verhältnismäßig noch ganz kurzer Zeit sowohl die Psychologie, die Seelenkunde, wie auch die Pädagogik darauf gesehen haben, sorgfältig das Darleben des Menschen, sei es des erwachsenen oder des werdenden Menschen, des Kindes, zu beobachten. Was ist aber notwendig, wenn man das Seelenleben sowohl des erwachsenen Menschen wie des Kindes beobachten will? Dazu ist notwendig, daß man mit einem gewissen inneren Anteil sich verhalten kann zu dem, was man beobachtet. Man versetze sich wirklich einmal in ältere Beobachtungsmethoden auf dem Gebiete der Seelenkunde oder auf dem Gebiete des Erziehungs- und Unterrichtswesens. Man wird da schon wahrnehmen, der innere Anteil, den Mensch an Mensch nimmt, er hat einmal gegen unsere Gegenwart herauf in der Menschheitsentwickelung abgenommen. Wir stehen nicht mehr so intim in der Objektivität drinnen mit Bezug auf die Seele des anderen Menschen, wie einstmals die Pädagogen oder die Psychologen drinnengestanden haben. Wir fühlen nicht mehr, wenn unsere eigenen Seelenregungen vibrieren, in diesem Vibrieren ein Nachklingen desjenigen, was die fremde Seele erlebt. Wir sind, ich möchte sagen, fernergerückt dem objektiven Seelenleben des anderen, als die Menschen einmal waren, die sich überhaupt auf Beobachtungen des Seelenlebens eingelassen haben. Und in demselben Maße, in dem man fremd und fremder geworden ist den Intimitäten des anderen Seelenlebens, in demselben Maße, in dem man nicht mehr kann mit unmittelbarer Intuition, mit tiefem intimem Anteil des eigenen Inneren hineinschauen in das Innere der anderen Seele, in demselben Maße versucht man, mit Hilfe unserer allerdings ausgezeichneten Werkzeuge von außen der menschlichen Seele sich zu nähern. Man versucht, durch Apparate die Äußerungen des menschlichen Seelenlebens aufzunehmen, man versucht also, ich möchte sagen, dem Menschen von außen beizukommen. Das ist gewiß berechtigt in begrenztem Sinne und ist vor allen Dingen aus dem Grundcharakter unserer Zeit heraus in seiner Berechtigung voll zu werten. Ist man einmal dem Inneren unmittelbar fremder geworden, so muß man eben die Äußerungen dieses Inneren, das Oberflächliche, auch durch äußere Methoden, durch äußeres Experimentieren sich aneignen.

Aber gerade dann, wenn wir in einem gewissen Sinne uns von Geist und Seele des Menschen entfremden und an den mehr materiellen Äußerungen des Geistes und der Seele unsere Experimente machen, so haben wir um so mehr notwendig, diese Experimente selber in einem geistigen Sinne deuten und sie mit geistiger Forschung durchdringen zu können. Nicht gegen das Experiment als solches soll daher etwas eingewendet werden, sondern die Forderung wird sich ergeben – ich will heute nur einleitungsweise sprechen –, gerade dasjenige, was das Experiment zeigt, von innen heraus geistig zu beleuchten. Ich will gerade, um dies zu verdeutlichen, Ihnen ein Beispiel vorbringen.

Die experimentelle Pädagogik hat mit Recht konstatiert, wie die Wachstumsverhältnisse verschieden sind bei Knaben und bei Mädchen. Innerhalb des Schulalters hat sich gezeigt, daß in verschiedenen Lebensepochen Knaben und Mädchen mit verschiedener Schnelligkeit wachsen – wir werden von diesen Dingen noch zu sprechen haben –, so daß es im Leben des Knaben Epochen gibt, in denen er, sagen wir, langsamer wächst, während in derselben Lebensepoche die Mädchen schneller wachsen. Das kann man, wenn man bloß experimentiert, wenn man sozusagen auf die Äußerungen des Seelenlebens bloß hinschaut, als eine Tatsache registrieren. Aber nur derjenige wird im rechten Sinne eine solche Tatsache durchschauend deuten können, der weiß, wie von der Seele aus der Wachstumsprozeß getrieben wird, wie das Seelische des Knaben innerlich ein anderes ist, wie sich die Kraft dieses Seelischen in den verschiedenen Lebensepochen äußert. Und dann wird man gerade sehen können, wie durch den Unterschied in den Wachstumsverhältnissen zwischen Knaben und Mädchen wiederum beleuchtet wird, warum Mädchen in denselben Lebensepochen mit verschiedener Geschwindigkeit gegenüber den Knaben wachsen, und es wird dann dasjenige beleuchtet, was in der Seele des Mädchens vor sich geht, dasjenige, was in der Seele des Knaben vor sich geht. Man wird wissen, daß ein Wesen, welches zum Beispiel gerade zwischen dem vierzehnten und siebzehnten Jahr besonders schnell wächst, andere Kräfte entwickelt, als ein Wesen, das, sagen wir, in einem etwas früheren Lebensalter besonders schnell wächst.

Gerade ein Zeitalter, welches groß ist im äußeren experimentellen Behandeln der Tatsachen, gerade ein solches Zeitalter muß, wenn es nicht in Oberflächlichkeit und in Äußerlichkeiten versinken will, dasjenige, was es experimentell erkundet, mit geistiger Forschung zu durchdringen in der Lage sein. Alldem gegenüber ist das Bewußtsein, daß man in der Mathematik etwas hat, was einem Forschersicherheit gibt, außerordentlich ausschlaggebend. Wenn man diese Tatsache in ihrer Wesenheit und Bedeutung richtig würdigen will, dann muß man allerdings sich die Frage stellen: Wie erkennt man gerade mathematisch, wie wendet man Mathematik an auf die äußere, sinnlich gegebene Tatsachenwelt, und wodurch unterscheidet sich mathematische Behandlung von anderer Behandlung des uns gegebenen Tatsachenmaterials?

Sehen Sie, zunächst sind dem Menschen durch seine Sinne ja die äußeren Tatsachen der Welt gegeben. So wie wir von Kindheit auf in diese äußere Tatsachenwelt eintreten, stellt sie uns eigentlich zunächst unserer Subjektivität gegenüber eine Art Chaos dar, und erst indem wir innerlich uns erkraften zu allerlei Vorstellungen und Begriffen – ich habe das genauer dargestellt in meinem Büchelchen «Wahrheit und Wissenschaft» –, dadurch eine Tatsache an die andere angliedern, Tatsachen gruppieren, manchmal Tatsachen, die für die äußere Beobachtung einander sehr fern stehen, begrifflich zusammenbringen, dadurch schaffen wir eine gewisse ideelle, eine vorstellungsmäßige Ordnung in dem Chaos der unmittelbar sinnlichen Erfahrung.

Nun muß man genau hinsehen, wie zunächst unsere Behandlung der äußeren sinnlichen Tatsachenwelt vor sich geht, wenn wir für unsere Erkenntnis keine Mathematik anwenden, wenn wir also einfach die Außenwelt beobachten, uns Vorstellungen über die Zusammenhänge der äußeren Naturtatsachen machen, etwa nach dem gebräuchlichen Gesetze von Ursache und Wirkung und so weiter, auch nach anderen Gesetzen. Wir müssen uns Vorstellungen darüber machen, wie unsere Behandlung der Außenwelt eigentlich dann ist. Was tun wir denn, indem wir Ordnung in das sinnliche Chaos hineinbringen? Mir scheint, daß mit Bezug auf dasjenige, was wir da tun, doch David Hume ein sehr richtiges Wort ausgesprochen hat. Sein großer Fehler liegt nur darin, daß er dasjenige, was gerade allein für dieses Gebiet, also für das mathematikfreie Beobachten der äußeren Natur, gilt, daß er das für den ganzen Umfang der menschlichen Erkenntnis gültig dachte.

Darauf beruhen überhaupt die meisten Irrtümer und Einseitigkeiten wissenschaftlicher Denkweise, daß man dasjenige, was auf einem Gebiete ganz berechtigt ist, dann für das Universelle der menschlichen Erkenntnis anwendet. Es ist deshalb so schwierig manchmal, dasjenige, was ja doch dem Universellen gegenüber irrtümlich ist, zu widerlegen, weil es – lassen Sie mich das Paradoxon aussprechen – kaum irgendeinen für das Universelle als Irrtum zu bezeichnenden Satz gibt, der nicht im Speziellen da oder dort seine Berechtigung haben würde, so daß man im Speziellen als solchem durchaus seine guten Gründe für etwas aufbringen kann, das bekämpft werden muß, wenn dafür der Anspruch erhoben wird, daß es universelle Geltung haben soll. So ist es, wenn David Hume sagt: Wir beobachten die äußere Welt, wir gliedern sie durch unsere Vorstellungen in gesetzmäßiger Weise. Dasjenige aber, was wir dann als Gesetz in unserer Seele anwesend haben, das ist durchaus nicht irgendwie so, daß wir von ihm ohne weiteres sagen können, es entspreche etwas Objektivem in der äußeren Welt, oder es müßte die äußere Welt in ihren Tatsachen immer so verlaufen, wie ein solches Gesetz es besagt. Man könne, meint David Hume, ja eigentlich nur sagen, bis jetzt habe man an jedem Morgen die Sonne aufgehen sehen. Das ist ein Erfahrungssatz. Man kann alle diese Tatsachen gleicher Art, die sich einem da geboten haben, in einem allgemeinen Gesetze aussprechen, aber nichts bürgt dafür, daß man etwas anderes eben hat, als eine Reihe erfahrener Tatsachen in einer Vorstellung zusammengefaßt. – Was ist es denn eigentlich in uns, was aus den sinnlich beobachteten Tatsachen gesetzmäßige Zusammenhänge bildet, und welche Bedeutung haben diese gesetzmäßigen Zusammenhänge für das eben bezeichnete Gebiet? Wird David Hume wohl recht haben, wenn er sagt: Es liegt in unserer Seelengewohnheit, die Tatsachen, die sich uns darbieten, gesetzmäßig zusammenzufassen, und weil wir dieser Seelengewohnheit entsprechen, bilden wir uns gewisse Naturgesetze aus. Diese Naturgesetze sind aber eben nichts anderes als dasjenige, was durch unsere Seelengewohnheiten aus den einzelnen Tatsachen zusammengefaßt worden ist.

So kommt man dazu, sich zu sagen: Der Mensch entwickelt sich zunächst in seinem empirischen Leben so, daß er sich innerlich gewöhnt, Ordnung, Harmonie in das Chaos der empirischen Tatsachen hineinzubringen, und man muß ja sagen, je weiter man in der Erkenntnis vorrückt, gerade auf dem hier begrenzten Gebiete, desto mehr neigt man zu dieser charakteristischen Seelengewohnheit hin. Man kann es dann nicht erstreben, unzusammenhängende Tatsachen zu erhalten, man will der genannten Seelengewohnheit entsprechen, man will womöglich Einheit hineinbringen in dasjenige, was uns als sinnlich empirische Mannigfaltigkeit entgegentritt. Man wird sich aber, wenn man mit unbefangener Selbstbesinnung dieses ganze Erkennen durchschaut, doch sagen müssen, man steht, wenn man so erkennt, der Außenwelt gegenüber in der Art, daß diese Außenwelt nicht in unsere Erkenntnis eigentlich eingeht. Man wird immer auf diesem Erkenntnisfelde sich sagen müssen: Da draußen sind die materiellen Tatsachen. Wir gliedern sie gewohnheitsmäßig ein in unser Vorstellungssystem, wir überschauen sie dann auch, wir wissen, wenn so und so oft eine Tatsachenreihe sich abgespielt hat, sie wird sich, wenn die ersten Tatsachen wiederum vor uns auftreten, auch in ihrer zweiten Partie in einer ähnlichen Weise abspielen. Aber dennoch, wenn wir auf diesem Felde stehenbleiben, durchschauen wir das Äußere nicht, machen auch im Grunde genommen gar nicht den Anspruch darauf zunächst, dieses Äußere zu durchschauen. Wir werden aber dann, wenn wir unbesonnene metaphysische Hypothesen aufstellen wollen, davon sprechen, Materie ist das oder jenes. Wenn wir aber nicht solche unbesonnenen metaphysischen Hypothesen aufstellen wollen, werden wir gewissermaßen die Materie draußen liegen lassen. Wir werden uns sagen, wir durchschauen dasjenige nicht, was Materie in ihrem Inneren eigentlich ist, aber das, was sie uns gewissermaßen auf der Seite, die sie uns zuneigt, darbietet, das ordnen wir in gewisse Denkreihen, in gewisse Denkgesetzmäßigkeiten. Wir bleiben also außerhalb der äußeren Wirklichkeit so stehen, daß wir uns Bilder von dem Verlauf der Vorgänge an der Außenseite des materiellen Geschehens bilden. Und im Grunde genommen brauchen wir für unser richtiges Menschheitsbewußtsein auch dieses Bewußtsein, daß wir es da mit Bildern zu tun haben. Denken Sie nur einmal, was es eigentlich für das Menschheitsbewußtsein bedeuten würde, wenn wir uns nicht hingeben könnten der Erkenntnis, wir haben es nur mit Bildern der Außenwelt zunächst zu tun. Wenn wir jedesmal, wenn wir auf dem Felde, das wir da charakterisieren, uns sagen müßten, es fließe etwas von der Außenwelt in uns ein, so wie etwas in uns einfließt, wenn wir trinken oder essen. Denken Sie nur einmal, wie wenig ein solches Einswerden des inneren und des materiellen Daseins entsprechen würde demjenigen, was unsere menschliche Seelenverfassung im Erkennen der Außenwelt sein muß. Wir können in der Lage sein, uns sagen zu müssen: Nichts fließt im Erkennen von der Außenwelt in unser Seelenleben herein. Dasjenige, was wir erleben an der Außenwelt, das formen wir als Bilder, die im Grunde genommen mit dieser Außenwelt gar nichts zu tun haben.

Ich darf vielleicht für das, was hier vorliegt, ein Bild gebrauchen, das ich von der Kunst hernehmen will. Denken Sie sich, ich male irgend etwas. Dasjenige, was ich dann auf die Leinwand bringe, das ist etwas, um das sich diese Außenwelt, die etwa da auf die Leinwand gebracht wird, wahrhaftig nicht kümmert. Ein paar Bäume, die da draußen sind, die ich auf die Leinwand male, denen ist es ganz gleichgültig, ob ich sie oder wie ich sie auf die Leinwand male. Es kommt zu dem, was da draußen ist, mein Bild als etwas Fremdes hinzu, etwas, was mit dieser äußeren Wirklichkeit innerlich nicht das geringste zu tun hat. Psychologisch und erkenntnistheoretisch ist es im Grunde genommen auch so mit allem Erkennen, das sich auf dem Felde bewegt, von dem ich eben jetzt hier spreche. Wir würden sofort in die Lage kommen, uns gar nicht mehr von der Außenwelt unterscheiden zu können, mit der Außenwelt zusammenzuwachsen, wie wir es im Essen und Trinken auch tun, wenn sich nicht dasjenige, was in unserer Seele sich abspielt während dieses Erkennens, als etwas ganz Fremdes erwiese für die äußere materielle Welt. Wir werden später sehen, wie dasjenige, was als menschliche Freiheit zu erfassen ist, nur zu verstehen ist unter der Voraussetzung, daß Erkenntnis der materiellen Außenwelt sich so verhält, wie ich es eben jetzt dargelegt habe.

Nun aber, so ist es nicht, wenn ich mathematisch erkenne. Stellen Sie sich nur einmal vor, wie mathematisch erkannt wird, sei es auf dem Felde der Arithmetik, Algebra, oder irgendwelcher höherer Teile der Analysis, oder sei es auf dem Felde der analytischen oder synthetischen Geometrie. Da steht uns nicht irgendeine Außenwelt gegenüber, der wir nicht beikommen können, sondern im mathematischen Erkennen leben wir in allem, was uns Objekt ist, unmittelbar darinnen. Wir formen innerlich die mathematischen Objekte und ihre Zusammenhänge, und wenn wir die mathematischen Gebilde irgendwie zeichnen, so ist das nur, ich möchte sagen, zu unserer Bequemlichkeit da. Dasjenige, was wir meinen, ist ja niemals dasjenige, was irgendwie derjenigen Außenwelt angehört, die wir mit unseren Sinnen wahrnehmen, sondern dasjenige, was wir meinen im mathematischen Erkennen, ist durchaus ein innerlich Konstruiertes, etwas, was nur lebt in derjenigen Betätigung unseres Seelischen, die etwas gibt von alldem, was den Sinnen als solchen unzugänglich ist. Wir konstruieren innerlich, indem wir uns das Feld der mathematischen Wissenschaft aufbauen. Das ist ein ganz radikaler Unterschied gegenüber dem ersten Feld des Erkennens, dem Erkennen der empirischen Außenwelt der Sinne gegenüber. Da bleibt das, was Objekt ist, streng außer uns. Im mathematischen Erkennen stecken wir mit unserer ganzen Seele überall in dem Objektiven drinnen, und dasjenige, was überhaupt zustande kommt als Inhalt der mathematischen Wissenschaft, das ist Ergebnis einer rein in unserer Seele erlebten und vorgenommenen Konstruktion.

Hier liegt ein bedeutsames Problem, und ich möchte sagen, dieses Problem ist die Unterstufe zu dem anderen Problem, das dann die Oberstufe werden wird: Wie steigt man von den gewöhnlichen Wissenschaften dann zur anthroposophischen Geisteswissenschaft hinauf? Ich glaube nicht, daß irgend jemand sich die letztere Frage sachgemäß und echt wissenschaftlich wird beantworten können, der nicht sich zuerst beantwortet hat die Frage: Wie erhebt sich das äußere reine Beobachten und das die Beobachtung regelnde Naturerkennen zu demjenigen Naturerkennen, das sich mit Mathematik durchdringt, wie verhält es sich zu dem mathematischen Erkennen als solchem?

Nun entsteht aber eine weitere Frage, eine Frage, die eigentlich der Wissenschafter aus seiner Erfahrung mit dem wissenschaftlichen Arbeiten heraus sich beantworten muß. Ich sagte schon, Kant hat darauf aufmerksam gemacht, daß in jeder Wissenschaft nur soviel wirkliche Erkenntnis stecke, als Mathematik drinnen ist. Wiederum eine Einseitigkeit, denn es gilt dieses auf einem gewissen Feld. Der Kantsche Irrtum besteht darin, daß er dasjenige, was auf einem besonderen Felde gilt, als etwas Universelles angenommen und aufgestellt hat. Aber mit Bezug auf gewisse Partien des äußeren Naturdaseins, wie es durch unsere Sinne uns vermittelt wird, müssen wir uns allerdings sagen: Wir tragen in uns das Bedürfnis – auch von diesem Bedürfnis werden wir später noch genauer sprechen –, das ganz richtig so zu nennende wissenschaftliche Bedürfnis tragen wir in uns, die Tatsachen, die sich uns darbieten, auch mathematisch zu durchdringen, nicht nur sie zu messen, die Messungen zu vergleichen, sondern sie zu durchdringen mit demjenigen, was wir erst selber in mathematischen Formeln konstruiert haben.

Was lebt da eigentlich in uns, indem wir so etwas anstreben, indem wir nicht dabei stehenbleiben, gewohnheitsmäßig mit allgemeinen Regeln die äußeren empirischen Tatsachen zu verknüpfen, sondern diese empirischen Tatsachen zu durchdringen mit dem, was wir erst innerlich konstruieren, was wir selber mit vollem Dabeisein beim mathematischen Objekt mit unserem ganzen Seelenleben formuliert haben? Nun, es liegt da ganz offenbar – das kann jeder, der auf diesem Gebiete wissenschaftliche Erfahrung durchgemacht hat, sich sagen bei unbefangener Selbstbeobachtung –, es liegt da ganz zweifellos das vor, daß wir ja fühlen, zunächst steht die ganze Natur um uns herum eigentlich unserer menschlichen Wesenheit als etwas uns materiell Fremdes gegenüber. Wenn wir nun bemerken, wir können gewissermaßen untertauchen in dieses uns materiell Fremde mit demjenigen, was wir erst selbst innerlich konstruiert haben, wir können in einer mathematischen Formel ausdrücken dasjenige, was uns sonst nur seiner Außenseite nach sich darbietet, und das, indem wir es mathematisch aussprechen, so ist, daß der Naturvorgang selbst sich nach dieser mathematischen Formel vollzieht, was liegt da zugrunde? Nun, nichts anderes liegt da zugrunde offenbar, als daß wir uns dadurch den äußeren uns zunächst fremden Naturvorgang innerlich ganz aneignen, daß wir gewissermaßen streben, mit ihm eins zu werden. Tun wir denn etwas anderes, als daß wir dasjenige, was sich uns zunächst ganz äußerlich darbietet, so erfassen, daß wir sein Abspielen so nachkonstruieren können, wie wir es innerhalb des rein Mathematischen konstruieren? Tun wir denn etwas anderes, als darnach streben, dasjenige, was zunächst nur äußerlich uns anglotzt, innerlich, und zwar exakt innerlich zu erleben? Dieses Verinnerlichen des Äußeren, das ist dasjenige, was antreibt die mathematische Naturerklärung, das lebt in der mathematischen Naturerklärung. Es ist für das neuere Wissenschaftsstreben und für sein Verhältnis zur Technik – worüber wir auch noch zu sprechen haben werden – eben besonders charakteristisch, daß die Sehnsucht eine so intensive ist, soviel als möglich in das äußere Geschehen Mathematisches hineinzutragen, das heißt aber, innerlich zunächst Konstruiertes hineinzutragen; also dasjenige, was sich uns darbietet im Anblick, voll zu durchschauen dadurch, daß wir es anschauen können, wie wenn es von uns selbst in seine Form, in die Formen seines Geschehens gebracht wäre. Und wenn wir es dann dahin gebracht haben, soweit es nur geht, gewissermaßen bis zur Erfüllung eines bestimmten Ideals, Mathematik in das äußere Naturerscheinen hineinzutragen, wenn es uns gelingt, das so weit zu treiben, wie es einmal jetzt ist – wo man das schon nicht mehr so sehr anstrebt, wie es einmal von den Atomisten angestrebt worden ist, die zum Beispiel auf dem Gebiete der Lichterscheinungen alles dasjenige, was sich äußerlich darbot, mit mathematischen Formeln zu durchdringen versucht hatten –, wenn wir dann dazu gekommen sind, auf einem gewissen Gebiete möglichst dieses Ideal erfüllt zu haben, Mathematik hineingetragen zu haben in das Äußere, was haben wir dann? Dann können wir uns beschauen, was wir haben. Wir können uns fragen: Was haben wir damit erreicht? – Wir können uns deutlich vergegenwärtigen: Was hat eigentlich unsere Seele für einen Inhalt, indem sie, statt das Äußerliche anzuschauen, sagen wir, statt die Polarisationserscheinungen anzuschauen, eine Summe von mathematischen Formulierungen in sich selber präsent macht? Was hat unsere Seele davon? Wir schauen dieses Gebilde an, diese gewissermaßen ganz in mathematische Formulierungen gebrachte Außenwelt, wir schauen sie an, und wenn wir sie dann unbefangen betrachten und ebenso unbefangen dann imstande sind, unseren Blick nach der Außenwelt zu richten, dann finden wir etwas ganz Eigentümliches. Dann finden wir, daß wir zwar alles dasjenige berücksichtigt haben, was uns an materiellen Voraussetzungen die Außenwelt gegeben hat, um unsere mathematischen Formulierungen an sie anzuknüpfen, wir finden gewissermaßen, daß wir erst etwas hatten, was uns innerlich dunkel erschien, und was uns jetzt hell, nämlich mathematisch begrifflich durchhellt erscheint. Wir finden das. Aber wir können uns dann nicht mehr die Tatsache verleugnen, daß wir zu gleicher Zeit nun der Natur, der Außenwelt ein Bild entgegenhalten, das nichts mehr von der Wirklichkeit enthält, die sich uns erst dargeboten hat.

Nehmen Sie die optischen Erscheinungen in ihrer Fülle, in ihrer Intensität, nehmen Sie sie so, wie sie uns zunächst entgegentreten, wenn das Auge sie beobachtet, und setzen Sie dagegen dasjenige, was von einem gewissen Gesichtspunkte aus ganz gewiß mit Recht ein innerliches mathematisches Konstruieren herausbringt, sagen wir die mathematische Optik als das Bild, als das nach mathematisch formulierten Regeln gestaltete Bild dieser Erscheinungen des Auges. Sie werden sich – es gehört ja nur ein bißchen Unbefangenheit dazu – sagen müssen: In diesem mathematischen Bilde steckt nichts mehr von der Fülle der Farbenerscheinungen. Es ist alles dasjenige, was die Sinne, also die äußere Wirklichkeit, zunächst noch dargeboten haben, aus diesem Bilde herausgepreßt. Wir halten der Außenwelt ein Bild gegenüber, welches ihre innere intensive Fülle nicht mehr hat, welches ihrer intensiven Wirklichkeit entbehrt.

Ich möchte hier einen Vergleich brauchen, von dem Sie erst in den nächstfolgenden Vorträgen sehen werden, daß er nicht bloß ein Vergleich ist. Aber als reine Analogie bitte ich, ihn zunächst einmal hinzunehmen. Wenn wir nämlich mathematisch die empirischen Tatsachen durchdringen, dann zerfällt ja unsere Erkenntnis in zwei Etappen. Die erste ist: Wir müssen die empirischen Tatsachen, also sagen wir die Tatsachen des Auges, anschauen. Die zweite Etappe ist diese: Wir regeln diese Anschauungen in mathematische Formulierungen und haben dann gewissermaßen als das Ergebnis vor uns diese mathematischen Formulierungen. Wir sehen dann nicht mehr hin auf die empirische Tatsachenwelt. Es ist genau so, vergleichsweise genau, wie wenn wir den lebenkraftenden Sauerstoff einatmen und unseren Organismus mit ihm durchdringen. Er verbindet sich in uns mit dem Kohlenstoff zur Kohlensäure, wir atmen die Kohlensäure aus, sie ist nicht mehr lebenskräftige Luft, aber der ganze Prozeß war uns für unser inneres Leben notwendig. Wir mußten den lebenskräftigen Sauerstoff einatmen, wir mußten ihn in uns mit etwas verbinden, was in uns ist. Wenn wir dasjenige, was auf diese Weise entstanden ist, jetzt der Außenwelt gegenüberstellen, so ist es für diese Außenwelt in demselben Sinne ein Ertötendes, wie die eingeatmete Luft ein Lebenerweckendes ist. Zunächst soll es nur als Bild gebraucht sein. So verhalten wir uns im mathematischen Naturerkennen. Wir nehmen in uns herein dasjenige, was sich unseren Sinnen darbietet, wir suchen es ganz intim in uns zu vereinigen mit etwas, was in uns ist, mit etwas, was nur in uns sich findet, mit dem in uns mathematisch Konstruierten. Dadurch entsteht etwas, durch die Verbindung des empirisch Erkannten mit dem in uns Konstruierten, eben das Ergebnis der mathematischen Naturerkenntnis. Halten wir es der Natur gegenüber: die Natur ist darinnen nicht in ihrer Lebendigkeit mehr enthalten, wie in der ausgeatmeten Luft nicht mehr die Lebenskraft der eingeatmeten. Es ist gewissermaßen ein seelisches Einatmen der äußeren Welt, aber ein solches Einatmen, dem ein Ausatmen gegenübersteht, das, in einer gewissen Weise umgestaltet, ins Gegenteil verwandelt hat dasjenige, was eingeatmet wie mit dem Organismus der Seele verbunden worden ist. Auf diesen Prozeß, der vorgeht in uns, wenn wir mathematisches Naturerkennen anstreben, auf diesen Prozeß muß man hinschauen, denn er beweist uns, daß tatsächlich dieses mathematische Naturerkennen ein anderes ist als das bloß empirische Naturerkennen. Das bloß empirische Naturerkennen geht bis zu unserer inneren Seelengewohnheit, das mathematische Naturerkennen, das stellt nicht bloß eine der Außenwelt fremde Gewohnheit dieser Außenwelt entgegen, sondern das stellt entgegen etwas innerlich Tüchtiges, Erlebtes, innerlich Ausgestaltetes, und es will in diesem innerlich Ausgestalteten etwas haben, was diese Außenwelt ihrer eigenen Wesenheit nach erklärt, es will also gewissermaßen Innerliches mit Äußerlichem verbinden.

Wenn man richtig durchschaut, wie die Sehnsucht nach mathematischer Naturerklärung auf diesem innerlichen Aneignen der Außenwelt beruht, dann wird man nicht mehr übersehen können, wie man doch eine ganz andere Art von Erkenntnis hat in dem Mathematischen als in dem rein äußerlichen, sinnesgemäßen und die Sinneserfahrung verstandesmäßig zusammenfassenden empirischen Erkennen. Man geht tiefer in das menschliche Innere hinein mit dem mathematischen Erkennen und glaubt gerade dadurch der Außenwelt entsprechend näher zu kommen, man glaubt gerade dadurch eben innerlich zu erleben, was das Wesen der Außenwelt repräsentiert. Man macht nur dann die Erfahrung, daß man nun eigentlich mit dem, was man in mathematische Formulierung umgewandelt hat, im Grunde genommen die volle Fülle der Außenwelt verloren hat. Man muß sich bewußt sein: man verbindet dasjenige, was einem die Außenwelt gibt, mit etwas rein innerlich Konstruiertem. Und man muß dasjenige, was da eigentlich in der Seele vorgeht, wenn man mathematische Formulierungen macht, richtig erleben können. Man muß durchschauen, daß das Mathematische ein innerliches Menschheitserzeugnis ist, und daß man dennoch, trotzdem man es in diesem Mathematischen mit einem innerlichen Menschheitserzeugnis zu tun hat, dennoch ein Gefühl – wir werden später sehen, daß es eine Erkenntnis ist – davon hat, daß mit diesem innerlich mathematisch Konstruierten, das ganz abseits von der Außenwelt konstruiert wird, etwas gegeben ist, was uns näher an die Außenwelt heranbringt, als wir ihr sonst sind. Aber dennoch, wiederum kann dieses innerlich in solcher Weise mathematisch Konstruierte nicht innerliche Realität sein, wenigstens nicht unmittelbar innerliche Realität der realen Außenwelt gegenüber. Denn sonst müßte man, wenn man das mathematische Bild als Ergebnis der Forschungen vor sich hat, nicht das Gefühl haben, jetzt ist die volle Fülle der Außenwelt erblaßt und es steht nur die mathematische Formulierung da, sondern man müßte das Gefühl haben, man hat in dieser mathematischen Formulierung etwas, was innerlich erst recht Realität hat. Denken Sie einmal, wie anders die Sache läge, wenn wir das ganze Feld der Erlebnisse des Auges vor uns hätten mit aller intensiven Farbenempfindung, und wir würden dann noch, wenn wir mathematische Formulierung gepflogen haben, in dieser mathematischen Formulierung geistig dasjenige vor uns sehen, was wir erst aufgenommen haben. Wir würden in unseren mathematischen Formeln der Undulationstheorie die Farben aufblitzen, aufleuchten sehen, Interferenzerscheinungen erleben und so weiter. Das tun wir nicht. Daß wir es nicht tun, bezeugt uns, daß wir zwar die Außenwelt mit unseren mathematischen Formulierungen so durchdringen, daß wir ihr näherkommen, aber daß wir zu gleicher Zeit dies auf Kosten davon tun, daß wir die volle Wirklichkeit der Außenwelt eigentlich dann nicht mehr haben.

Da man nun aufgerückt ist von der gewöhnlichen, der gewohnheitsmäßigen Erkenntnis zu der innerlich mathematisch formulierten Erkenntnis, der vorausgehen muß ein Formulieren der rein innerlich erlebten mathematischen Gebilde, so muß doch die Frage entstehen: Kann denn nun nicht diese Entwickelung weiter fortgesetzt werden im Menschenseelenleben? – Erst haben wir eine Außenwelt vor uns, wir stehen ihr so gegenüber, daß die Regeln und Gesetze, die wir auf Grund unserer Beobachtungen von ihr uns bilden, ganz fremde Gebilde hier sind. Wir schreiten vorwärts, wir können das nur dadurch, daß wir innerlich ganz abseits von der äußeren Außenwelt die mathematischen Formulierungen erleben. Wir durchdringen dann mit diesen mathematischen Formulierungen allein diese Außenwelt. Sie sind innerlich offenbar nicht mit Wirklichkeit durchdrungen, sonst würden wir die Wirklichkeit auch haben. Wenn wir sie uns dann vorsetzen, wenn wir sie besonders anschauen, wenn wir auf sie reflektieren: sie können nicht wirklich sein, denn im Gegenteil, sie löschen die Wirklichkeit, auf die wir sie angewendet haben, aus. Die Frage entsteht in diesem Punkte der Erwägungen: Kann es nun möglich sein, daß wir dasjenige, was wir im Innerlichen mathematisch formulieren, was wir zuerst unternehmen, um die sinnliche Außenwelt intimer zu durchdringen, daß wir in diesem uns erkraften? Kann es möglich sein, daß dasjenige, was zunächst als mathematisch-innerliches Erleben, ich möchte sagen, so blasse Abstraktion ist, daß dadurch uns die Wirklichkeit eben auch verblaßt, könnte es sein, daß das, was da erlebt wird in den mathematischen Gebilden, kraftvoller innerlich gegenwärtig gemacht würde? Mit anderen Worten: Könnte die Kraft, die wir anwenden müssen, um in Vorbereitung einer mathematischen Naturerkenntnis zu dieser letzteren zu kommen, wesentlich stärker angewendet werden, so daß wir nicht nur mathematisch Abstraktes, sondern konkret Geistiges innerlich gestalten? Dann würden wir zwar nicht die sinnliche Außenwelt zunächst wieder erstehen sehen in dem, was wir da innerlich gestaltet haben, aber wir würden etwas vor uns haben, was ja dann wohl kein mathematisches Gebilde ist, denn mathematische Gebilde sind eben abstrakt, sondern das anders gestaltet sein muß. Wir würden etwas vor uns haben, was auf dieselbe Art gewonnen ist wie die mathematischen Gebilde, aber gewonnen ist mit dem Charakter der Wirklichkeit. Und vor uns würde stehen, geistig angeschaut, etwas, von dem wir uns sagen können, es erglänzt uns ebenso in Wirklichkeit wie die äußere sinnliche Wirklichkeit, aber wir haben es gewonnen, indem wir aus uns herausgehoben haben nicht nur mathematisch abstrakte Gebilde, sondern reale Gebilde. Wir haben die mathematisierende Kraft verstärkt und sind dadurch aufgestiegen dazu, innerlich Wirklichkeit aus uns selber hervorzuheben. Das wäre dann eine dritte Stufe unseres Erkennens.

Die erste Stufe wäre das gewohnheitsmäßige Hinnehmen der realen Außenwelt. Die zweite Stufe wäre das mathematische Durchdringen dieser Außenwelt, nachdem wir zuerst die reine Mathematik ausgebildet haben. Das dritte wäre ein Erleben des Geistes, eben auch innerlich, notwendig innerlich intim wie das mathematische Erleben, aber mit dem Charakter der geistigen Wirklichkeit. Und so stünden vor uns die äußere empirische Naturerkenntnis, die mathematisierende Erkenntnis und die Geisteserkenntnis, diejenige Erkenntnis, in der wir dadurch, daß wir innerlich schöpferisch geworden sind, geistige Welten vor uns haben.

Eine Vorbereitung, diese Welten für real halten zu dürfen, haben wir schon darin, daß wir das, was wir in der mathematisch gebildeten, allerdings noch bildhaft abstrakten Erkenntnis finden, auf eine äußere Wirklichkeit anwenden und uns so auch sagen: Wie wir mathematisch konstruieren, das hat zwar in sich noch keine Realität, es holt aus unseren Seelentiefen nicht eine Realität herauf, es holt aber etwas herauf, was Bild ist für eine Realität. In der Geisteswissenschaft holen wir aus unseren Seelenuntergründen dasjenige herauf, was nun nicht nur Bild einer äußeren Realität ist, sondern was selber Realität ist, was Wirklichkeit ist. Diese drei Stufen menschlicher Erkenntnis gibt es: Erstens die physische Naturerkenntnis, zweitens das mathematisierende Wissen und drittens die Geisteswissenschaft. Und es ist nicht irgendwie aus bloßen Annahmen heraus, daß eine geisteswissenschaftliche Methode als Notwendigkeit konstruiert wird, sondern Sie sehen, es fügt sich gerade für denjenigen, der das Hervorgehen des Mathematisierens aus dem bloß empirischen Forschen versteht, als ein weiterer Fortgang ein Geist-Erkennen an, obzwar man dadurch nicht eine mathematische, sondern etwas ganz anderes, eine wirkliche geistige Welt erhält. Und man muß schon sagen, wer versteht, wie Mathematik entsteht, der wird sich auch zum Verständnis aufschwingen können, wie anthroposophisch orientiert genannte Geisteswissenschaft entsteht.

Das wollte ich zu Ihnen heute als eine Einleitung zu diesen Vorträgen sprechen. Ich wollte Ihnen zeigen, daß diese anthroposophische Geisteswissenschaft weiß, wo ihr Ort ist im ganzen System der Wissenschaften. Sie ist nicht aus irgendeiner subjektiven Willkür, nicht aus irgendeinem Dilettantismus, sie ist aus einer gründlichen Erkenntnistheorie herausgeboren, sie ist aus *der* Erkenntnis herausgeboren, die erst angewendet werden muß, um die Berechtigung des Mathematischen selbst zu verstehen. Nicht umsonst hat – allerdings aus älteren, instinktiven Wissenschaftserkenntnissen heraus – Plato von seinen Schülern verlangt, daß sie zuerst eine gute Vorschule in Geometrie oder Mathematik haben sollten. Er wollte damit nicht arithmetische oder geometrische Einzelerkenntnisse bei den Schülern ermöglichen, sondern ein gründliches Verstehen dessen, was im Menschen eigentlich vorgeht, wenn er mathematisiert oder geometrisiert. Und darauf beruht im Grunde genommen der scheinbar paradoxe, aber tief bedeutsame Ausspruch Platos: Gott geometrisiert. – Er meinte nicht, daß Gott bloß im Mathematischen Fünf- oder Sechsecke schaffe, sondern daß er schaffe mit einer solchen inneren Kraft, wie wir sie uns, allerdings nur bildlich abstrakt, schon vergegenwärtigen in dem mathematischen Denken. Deshalb glaube ich, daß gerade derjenige, der gründlich versteht, wo Mathematik liegt im Felde der Wissenschaften, auch verstehen wird, wo Geisteswissenschaft liegt.

Diese Geisteswissenschaft wird ihr Recht erkämpfen, wie auch ihre Widersacher auftreten mögen, denn sie will durchaus nicht auf irgendwelche leichtfertigen oder dilettantischen Grundlagen bauen, sondern sie will gerade auf wirklicher Exaktheit und auf historischer Gründlichkeit sich aufbauen. Deshalb darf ich schon sagen: Diejenigen etwaigen Gegner, die wirklich ernsthaft eingehen auf dasjenige, was die hier gemeinte Geisteswissenschaft zu ihrer Rechtfertigung zu sagen hat, können dieser Geisteswissenschaft immer willkommen sein, denn mit denen wird sie gern diskutieren. Sie hat keine Angst vor ihnen, denn sie ist ausgerüstet mit all den wissenschaftlichen Waffen, die in den anderen Wissenschaften vorhanden sind, und kann damit kämpfen. Sie möchte nur nicht just fortwährend aufgehalten sein durch diejenigen, die nichts von ihr verstehen und gerade von ihrem puren Dilettantismus und ihrer niedrigen Gesinnung aus gegen sie auftreten, denn Geisteswissenschaft, so wie sie hier aufgefaßt wird, glaubt, daß sie eine Notwendigkeit für die übrigen Fachwissenschaften ist, und sie hat im Grunde genommen keine Zeit zu verlieren, denn es ist notwendig, daß die Grenzen, in die sich die Fachwissenschaften überall gestellt finden, durch diese Geisteswissenschaft überschritten werden. Daher müssen wir zunächst uns schon ein wenig dazu entschließen, diejenigen, die ohne Gründe gegen diese Geisteswissenschaft auftreten, aus Beweggründen heraus, über die vielleicht noch da oder dort auch im Laufe dieser Vorträge schon eine Andeutung fallen wird, zuweilen unsanft anzufassen. Denn im Grunde genommen müßte gerade heute der Menschheit so schnell als möglich über Geisteswissenschaft ernsthaft, ganz ernsthaft und exakt wissenschaftlich gesprochen werden, und das kann auch geschehen, wenn man nur auf sie eingeht.

ZWEITER VORTRAG

Stuttgart, 17. März 1921

Ich habe schon gestern in dem einleitenden Vortrage darauf hingewiesen, wie bei der Betrachtung des Überganges menschlicher Erkenntnis von dem gewöhnlichen Erkennen der Außenwelt zum mathematischen Erkennen sich die erste Etappe jenes Weges ergibt, der dann weiter verfolgt dazu führt, auch die geisteswissenschaftliche Methode, wie sie hier gemeint ist, zu durchschauen und anzuerkennen. Es wird ja gerade in diesen Vorträgen mein Bestreben sein, die geisteswissenschaftliche Methode zu charakterisieren und zu rechtfertigen. Das kann im Grunde genommen erst als Ergebnis desjenigen zutage treten, was ich in diesen sieben Vorträgen auseinanderzusetzen habe.

Heute möchte ich noch einmal etwas genauer eingehen auf die erste Etappe. Ich möchte vor Sie eine Betrachtung hinstellen, wie sie heute noch in dem wissenschaftlichen Denken vielleicht da oder dort in Fragmenten wohl zutage tritt, wie sie aber zusammenfassend nicht vorhanden ist, und weil sie zusammenfassend nicht vorhanden ist, so liegt auch das vor, daß man dann nicht in der Lage ist, sich methodisch zu erheben von der Umwandlung noch mathematikfreier Wissenschaft zu mathematischer Wissenschaft, von dieser Umwandlung dann zu der anderen, die wir als ganz sachgemäß aus ihr hervorgehend erkennen werden, vom mathematischen Durchdringen der Objektivität zu einem geisteswissenschaftlichen Durchdringen des wirklichen Seins. Ich werde, wie schon angedeutet, ganz stufenweise und methodisch versuchen, diese letzte Etappe durch unsere Betrachtung zu erreichen.

Dazu werden wir heute ausgehen von einer Betrachtung des Menschen, so wie er sich selber erlebt im Anschauen, im Beobachten der äußeren Welt. Es wird Ihnen aus Vorträgen, die hier gehalten worden sind, oder wenigstens aus Seminarreferaten, dann aber aus der Lektüre meines Buches «Von Seelenrätseln» bekannt sein, daß man zu einer vollständigen und zureichenden Betrachtung des Menschen doch nur dadurch kommt, daß man einsieht, wie die gesamtmenschliche Organisation sich für ihn in drei deutlich voneinander unterschiedene Glieder spaltet. Wir haben es gewiß zu tun mit dem einheitlichen Menschen. Aber dieser einheitliche Mensch wirkt gerade als der komplizierteste Organismus, der uns zunächst bekannt ist, dadurch, daß er gegliedert ist, ich möchte sagen, in drei Teilorganisationen, die eine gewisse Selbständigkeit in sich haben, die aber dann gerade dadurch, daß sie alles das, was in ihnen liegt, durch diese Selbständigkeit ausbilden und dann wiederum zu einem Ganzen zusammenwirkend gestalten, die konkrete Einheitlichkeit der menschlichen Organisation zustande bringen. Wir haben es da zu tun zunächst mit dem, was ich in meinem Buche «Von Seelenrätseln» genannt habe den Nerven-Sinnesmenschen, dasjenige Glied der menschlichen Organisation, das ja zunächst im menschlichen Haupte seinen am meisten adäquaten Ausdruck hat, das aber von da aus sich wiederum erstreckt über die ganze menschliche Organisation. Allein man darf deswegen, weil solch ein Glied der menschlichen Organisation doch wiederum die Gesamtorganisation durchdringt, nicht übersehen, daß solch ein selbständiges Glied vorhanden ist. Wir können einmal ganz genau unterscheiden von der übrigen menschlichen Organisation – und wir werden auch darüber des weiteren noch zu sprechen haben – den Nerven-Sinnesmenschen, alles dasjenige, was der Vermittler ist unseres Vorstellungslebens. Wir sind vorstellende Menschen dadurch, daß wir imstande sind, dasjenige, was vorstellendes Leben ist, uns selber zu vermitteln durch dasjenige Organ, das man zusammenfassen kann als die Sinne und das von den Sinnen nach der inneren Organisation sich hinziehende Nervensystem.

Nicht in demselben Sinne wie durch das Vorstellungsleben hängen wir mit diesem Nervensystem zusammen durch unser Gefühlsleben. Nur die ungenaue psychologische Betrachtungsweise der neuesten Zeit läßt das übersehen. Das Gefühlsleben ist nicht unmittelbar geknüpft an das Nerven-Sinnessystem, sondern nur mittelbar. Das Gefühlsleben ist unmittelbar geknüpft an alles dasjenige, was wir in der menschlichen Organisation nennen können das rhythmische System, das sich am meisten auslebt in Atmung, in Pulsschlag und in der Blutzirkulation. Die Täuschung, daß unser Gefühlsleben als ein Teil unseres Seelenlebens auch unmittelbar zusammenhänge mit dem Nerven-Sinnessystem, kommt daher, daß wir ja alles dasjenige, was sich in uns als

Menschen gefühlsmäßig abspielt, fortwährend mit Vorstellungen begleiten. Und so wie unser Gefühlsleben seelisch fortwährend von Vorstellungen begleitet ist, so ist auch organisch unser rhythmisches System, das sich ja über den ganzen Organismus erstreckt, in Verbindung mit unserem Nerven-Sinnessystem. Es ist eine ähnliche Beziehung zwischen dem rhythmischen System und dem Nerven-Sinnessystem im Körper, wie in der Seele die Beziehung ist zwischen dem Gefühlsleben und dem Vorstellungsleben. Dadurch allein aber drückt sich nun mittelbar unser Gefühlsleben auch durch das Nerven-Sinnessystem aus, daß eben erst in unserem Organismus vermittelt wird das Erleben des Fühlens, das zu seinem Werkzeug im Organismus das rhythmische System hat, daß dieses nun zurückwirkt auf das Nerven-Sinnessystem und dadurch der Schein entsteht, als ob auch unmittelbar das Gefühlsleben mit dem Nerven-Sinnessystem zusammenhinge. Ich habe in meinem Buche «Von Seelenrätseln» besonders darauf aufmerksam gemacht, daß man zum Beispiel beim Studieren desjenigen, was im Menschen beim musikalischen Auffassen vorgeht, gerade auf eine leichte Art darauf kommen kann, wie dieses eben charakterisierte Verhältnis im Menschen besteht.

Außer diesen beiden Systemen, dem Nerven-Sinnessystem, das das Vorstellungsleben, dem rhythmischen System, das das Gefühlsleben vermittelt, haben wir dann das Stoffwechselsystem. Und in den drei Systemen, Nerven-Sinnessystem, rhythmisches System, Stoffwechselsystem, haben wir restlos in bezug auf alles Funktionelle den menschlichen Organismus gegeben. Unmittelbar enspricht das Stoffwechselsystem dem Seelenleben des Wollens, und ein wirkliches Studium des Zusammenhangs zwischen Wollen und menschlichem Organismus wird erst zustande kommen, wenn man die Sache so verfolgen wird, daß man untersuchen wird, wie der Stoffwechselumsatz ist, wenn ein Willensakt oder auch nur ein Willensimpuls sich vollzieht. Jeder Stoffwechselumsatz ist eigentlich bewußt oder unbewußt die physische Grundlage einer Willenstatsache oder eines Willensimpulses. Es hängen zugleich mit dem Stoffwechsel zusammen unsere Bewegungen, und wegen dieser Tatsache, daß mit unserem Stoffwechsel unsere Bewegungen zusammenhängen, hängt auch unsere Beweglichkeit seelisch wiederum mit der Willensbetätigung zusammen. Man muß sich klar sein darüber, daß, indem wir eine Bewegung im Raume ausführen, dieses, ich möchte sagen, die primitivste Willensbetätigung ist. Aber – um dieses Goethesche Wort zu gebrauchen – bei einer urphänomenalen Willensbetätigung ist eben jener Stoffwechselumsatz, der einer Bewegung in uns zugrunde liegt, als solcher physischer Ausdruck für das Seelische einer Willensbetätigung. Und nur dadurch, daß wir wiederum vorstellungsgemäß unsere Willensbetätigungen verfolgen, hängen diese Willensbetätigungen nun auch mittelbar zusammen mit dem Nerven-Sinnessystem. So können wir, ich will das zunächst vorbereitend sagen, das seelische Leben und auch das physische Leben des Menschen in einer Art von Gliederung in drei selbständige organische und seelische Glieder betrachten.

Wir wollen nun heute einmal versuchen, wie mit Bezug auf den beobachtenden Menschen von einem gewissen Gesichtspunkt aus sich diese drei Glieder der menschlichen physischen und seelischen Organisation verhalten. Da möchte ich vor allen Dingen dasjenige betrachtend vor Sie hinstellen, was die Anschauung der Dimensionalität des Raumes ist. Wir müssen schon auf diese, ich möchte sagen, exakteren, minuziöseren Dinge eingehen, weil ja gerade diese Vorträge dazu dienen wollen, geisteswissenschaftliche Betrachtung als Fortsetzung der gewöhnlichen wissenschaftlichen Betrachtung exakt zu zeigen. Wir betrachten da zunächst dasjenige, was ich Nerven-Sinnesorganismus genannt habe. Dieser Nerven-Sinnesorganismus ist ja hauptsächlich, wie ich schon gesagt habe, in der Hauptesorganisation, in der Kopforganisation des Menschen enthalten, und von der Kopforganisation, die in der Hauptsache den Nerven-Sinnesmenschen enthält, dehnt sich dann das Nerven-Sinnesleben über den übrigen menschlichen Organismus aus, diesen gewissermaßen imprägnierend. Man könnte sagen, für eine nun nicht äußerlich genommene Betrachtung des Menschen setzt sich der Kopf durch den ganzen Menschen fort. Wenn wir zum Beispiel innerhalb der Sinnesorganisation die Wärmeperzeption über den ganzen Organismus ausgedehnt haben, so bedeutet das nichts anderes, als daß diejenige Organisationsart, die hauptsächlich im Kopfe für den wichtigsten Teil des Sinneslebens gelegen ist, für dieses Spezielle der Wärmeempfindung sich nun über den ganzen menschlichen Organismus ausdehnt, so daß in gewisser Beziehung mit Bezug auf die Wärmeperzeption der ganze Mensch Kopf ist.

Sehen Sie, diese Auseinandersetzung werden einem heutzutage außerordentlich übelgenommen. Denn man hat sich so sehr an äußerliche Betrachtungsweisen gewöhnt, daß man meint, man müsse, wenn von drei Gliedern des menschlichen Organismus geredet wird, diese so ganz räumlich gesondert nebeneinanderstellen können, und ein Professor der Anatomie, der nach solcher räumlichen Sonderung strebte, hat dann den Geschmack gehabt, zu sagen, es würde geteilt durch Anthroposophie der Mensch in ein Kopfsystem, in ein Brustsystem und in ein Bauchsystem. Nun ja, mit solchen Dingen kann man unsachlich Anthroposophie treffen. Aber darum handelt es sich ja gewiß nicht, sondern es handelt sich darum, sachgemäß auf diese Dinge wirklich einzugehen und wissen zu lernen, daß in der Wirklichkeit die Dinge nicht so räumlich gesondert sind, wie man es sich heute vielfach dilettantisch vorstellt, sondern daß sie ineinandergreifen, ineinanderfließen – was ja insbesondere auch beachtet werden muß, wenn man richtig verstehen will das Ineinanderwirken der drei Glieder des dreigliedrigen sozialen Organismus.

Nun, die Kopforganisation ist ja ganz gewiß diejenige Organisation, die, zunächst ergibt das der rein empirische Tatbestand, am meisten mit dem Erkennen, wenigstens mit dem mathematischen Erkennen, das zunächst in der äußeren Welt an den Menschen herantritt, zu tun hat. Bei dieser Kopforganisation können wir nun rein empirisch konstatieren, daß dasjenige, was wir Dimensionalität nennen können, uns, ich möchte sagen, zunächst nur in einem Anflug entgegentritt. Wir werden das, um was es sich hier handelt, am besten einsehen, wenn wir drei Betätigungsweisen des Menschen ins Auge fassen; die erste diejenige, die ich nennen möchte den totalen Sehakt, das Sehen, das Beobachten der Welt mit den Augen. Aber, wie Sie gleich sehen werden, es handelt sich um den *totalen* Sehakt, nämlich um das Beobachten der äußeren Objekte mit unseren zwei Augen. Zweitens haben die Arme und Hände des Menschen, obzwar sie am Rumpfe befestigt sind, und obzwar sie in einer gewissen Beziehung durchaus zum Gliedmaßensystem gehören, doch auch wiederum eine innige Beziehung zum rhythmischen System. Sie sind durch ihr besonderes Ansetzen in der Nähe des rhythmischen Systems gewissermaßen durch das Leben, durch das Funktionelle am Menschen umgestaltet. Sie sind angepaßt als Gliedmaßen demjenigen Leben, das wir das rhythmische Leben nennen können, und weil sie nach außen gelegen sind, die Arme und die Hände, so können wir uns an ihnen manches verdeutlichen, was wir uns zunächst an den inneren Gliedern des rhythmischen Systems nicht so leicht dürften verdeutlichen können. Also wohlgemerkt, es handelt sich darum, daß wir in Armen und Händen wohl Gliedmaßen haben, daß aber diese Gliedmaßen wegen ihrer besonderen Stellung am menschlichen Organismus, ich möchte sagen, durch das Leben, durch das Funtionelle angepaßt sind dem Rhythmischen. Sie können dieses Rhythmische in den Armen, in den Händen verfolgen, wenn Sie sich sagen, wie stark dasjenige, was wir im Gefühl haben, also in demjenigen, was mit dem rhythmischen System zusammenhängt, in der Gebärde, in der freien Beweglichkeit der Arme und der Hände zum Ausdruck kommt. Es sind eben im Menschenleben diese Gliedmaßen ganz und gar, möchte ich sagen, um eine Stufe des Erlebens heraufgehoben. Sie sind veranlagt als Gliedmaßen, sind aber durchaus nicht so wie beim Tiere in den Dienst gestellt, in dem eben die Gliedmaßen stehen, sondern sind befreit von dem Dienst des Gliedmaßenlebens und werden, ich möchte sagen, wie in einer unsichtbaren Sprache zu einem Ausdruck des menschlichen Gefühlslebens, sind also angepaßt dem rhythmischen System. Als dritte Funktion möchte ich dann vor Sie hinstellen dasjenige, was wir als das Gehen betrachten können, also eine im eminentesten Sinne durch das Gliedmaßensystem des Menschen vor sich gehende Betätigung.

Sehen, Armbewegung und Gehen, wir wollen sie einmal nun wirklich wissenschaftlich vor die Seele führen. Das Sehen mit den zwei Augen: Wenn man es betrachtet in seiner Totalität, so kommt man darauf, daß zunächst, völlig von aller Verstandestätigkeit unabhängig, das Gesehene sich uns darstellt in zwei Dimensionen. Ich kann, wenn ich das Gesehene Ihnen darstellen will seiner Dimensionalität nach, einfach die zwei Dimensionen hier auf die Tafel zeichnen (siehe Zeichnung) als zwei aufeinander senkrecht stehende Koordinaten. Ich möchte es so zeichnen, daß das mit späteren Ableitungen stimmt, indem ich die beiden Linien nur punktiere. Ich möchte in dieser Tatsache, daß ich die beiden Linien nur punktiere, zum Ausdruck bringen, daß eigentlich in unser Verstandesbewußtsein dieses Zweidimensionale gar nicht aufgenommen wird, wenn wir sehen.

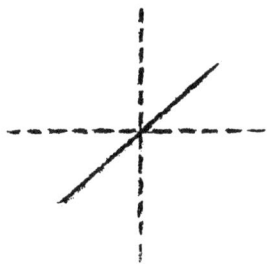

Dagegen liegt es anders mit der dritten Dimension. Die dritte Dimension, wir können sie nennen die Tiefendimension, also die Tiefe von unseren Augen aus gesehen, diejenige Dimension, die in der Richtung von rückwärts nach vorne liegt, steht nicht in gleichem Sinne fertig vor unserer Seele, ganz unabhängig etwa von unserem Verstand. Sie steht vor uns als dasjenige, was wir als innere Verstandesoperation vollziehen, wenn wir die sonst flächenhaft gesehenen Dinge zum Körperhaften ergänzen durch die Tiefendimension. Was wir da ausführen, entzieht sich in einer gröberen Weise allerdings unserer bewußten Tätigkeit. Allein, wenn man in feinerer Art auf die bewußte Tätigkeit eingeht, so wird man durchaus darauf kommen, daß man diese Tiefendimension in einer anderen Weise erlebt als die beiden anderen, die ich nennen will die Höhen- und die Breitendimension. Man kann schon gewahr werden, wie man in einer gewissen Weise abschätzt in bezug auf diese Tiefendimension, wie weit irgend etwas von uns entfernt ist. Es kommt zu der gewöhnlichen Anschauung, zu der Augenanschauung etwas hinzu, wenn wir die Flächendimensionalität ergänzen im Bewußtsein zur körperhaften Dimensionalität, so daß wir sagen können: Solange wir innerhalb unseres Bewußtseins stehenbleiben, können wir nicht sagen, wie dasjenige zustande kommt, was Höhendimension ist und Breitendimension. Wir müssen Höhendimension und Breitendimension einfach hinnehmen. Sie sind in der Sehanschauung einfach gegeben. Nicht so die Tiefendimension, also die dritte Dimension. Ich zeichne sie deshalb hier perspektivisch als Vollinie ein, womit ich andeuten will, daß diese Vollinie als Tiefendimension schon auf einer ins Bewußtsein wenigstens leise hereinspielenden Betätigung, auf einer bewußten, sagen wir, halbbewußten Betätigung beruht, so daß wir sagen können: Wenn wir den Sehakt ins Auge fassen, so sind uns zunächst rein gedanklich, nämlich erst wenn wir den Sehakt gedanklich durchdringen, die Höhen- und die Breitendimensionen gegeben. Die Tiefendimension beruht schon auf einer Betätigung des Bewußtseins, auf einer Betätigung der halbbewußten Verstandesoperation. Daher muß auch, wie Sie ja vielleicht schon gehört haben, die anatomisch-physiologische Ausdeutung des totalen Sehaktes so verfahren, daß sie dem Sehen eigentlich nur zuschreibt – also demjenigen, was Sehen ist noch ohne Verstandestätigkeit – das Zustandekommen der gesehenen Flächenausdehnung. Dagegen muß sie zuschreiben schon der Großhirntätigkeit, also nicht mehr der Vierhügeltätigkeit, diesem Organ im menschlichen Körper, von welchem die veranschaulichende Augenbetätigung abhängt, das körperliche Verhalten beim Sehen, sondern es muß bezüglich der Tiefendimension dem Großhirn, dem Vermittler auch der willensmäßigen Verstandesoperationen, das Anatomisch-Physiologische zugeschrieben werden. Wir können schon in einer gewissen Weise, wenn auch, ich möchte sagen, leise vom Bewußtsein erfaßt, die Tiefendimension synthetisch und analytisch behandeln. Sie gehört in den Bereich desjenigen, was ich nennen möchte die bewußte Betätigung durch das menschliche Haupt.

Wenn wir nun vom Sehakt übergehen zu demjenigen Akt, der entsteht durch die Betätigung in der Arme- und Händebewegung, dann handelt es sich darum, daß wir eintauchen in ein allerdings noch schwer mit dem Bewußtsein zu ergreifendes Element. Aber wir können schon immerhin auf dasjenige, was sich vollzieht, indem wir verfolgen unser Gefühlsleben jetzt in freier Betätigung unserer Arme und Hände und der Gebärden, wir können schon ebenso hier auf dasjenige, was eigentlich der Mensch tut, aufmerksam werden, wie wir aufmerksam werden auf die Betätigung in bezug auf die Tiefendimension durch die zwei menschlichen Augen. Was ist es denn eigentlich, was uns diese Tiefendimension vermittelt? Es ist die Einstellung des linken und des rechten Auges. Es ist die Übereinanderkreuzung der linken und der rechten Augenachse. Ob diese Übereinanderkreuzung in größerer oder geringerer Entfernung von uns selber sich vollzieht, davon hängt die hauptverstandesmäßige Beurteilung der Tiefendimension ab. Es ist wenig äußerlich anschaulich diejenige Betätigung, die der Beurteilung dieser Tiefendimension eigentlich zugrunde liegt.

Wenn wir nun davon übergehen auf die Betätigung der menschlichen Arme und Hände, dann finden wir, daß wir allerdings in deutlicher Weise schon unterscheiden können auch nur bei einer einigermaßen stattfindenden Anstrengung unseres Bewußtseins, daß wir allerdings, indem wir die Arme in horizontalem Kreise bewegen, deutlich unterscheiden können, wie sich diese Armbewegung bewußt abspielt in der Dimension des Rechts-Links, also in der Dimension, die ich als die Breitendimension bezeichnen möchte. Wer das menschliche Leben genauer zu analysieren imstande ist, der wird wissen, daß alles dasjenige, was der Mensch beurteilt in bezug auf diese Breitendimension, ja in der Tat zusammenhängt mit demjenigen Fühlen, das wir haben, indem wir uns wissen als ein Mensch, der die volle Breitendimension durchmißt mit einem linken und mit einem rechten Arme. Wir haben ein gefühlsmäßiges Erleben desjenigen, was wir Symmetrie nennen, welches Erleben vorzugsweise ja in der Breitendimension sich abspielt. Wir haben ein solches Erleben vor allen Dingen durch das Gefühl, das wir vermittelt bekommen durch unseren linken und rechten Arm. Allerdings übersetzt sich nun dieses Fühlen unserer eigenen Symmetrie vorzugsweise durch die entsprechenden Bewegungen des linken und rechten Armes, die wir fühlen, so daß wir das Symmetriesein in diesem zusammengehörigen Bewegen des linken und rechten Armes fühlen. Es übersetzt sich uns das gefühlsmäßige Erfassen der Breitendimension vorzugsweise durch die Symmetrie in ein Vorstellungsleben, und wir beurteilen dann die Symmetrie auch im Vorstellungsleben. Allein Sie werden nicht übersehen können, daß dieses Beurteilen der Symmetrien der Breitendimension im Grunde genommen etwas Sekundäres ist, und derjenige, der nur anschauen könnte das Symmetrische und nicht ein Gefühl haben würde beim Symmetrischen, beim Entsprechen des symmetrischen Links dem symmetrischen Rechts, der würde die Symmetrie doch blaß und trocken und nüchtern und verstandesmäßig bloß erleben. Derjenige lebt richtig in allem drinnen, was uns Symmetrie sagen kann, der symmetrisch auch erfühlen kann. Aber erfühlen können wir das Symmetrische als Menschen nur dadurch, daß wir uns in einer leisen Weise immer bewußt werden der Zusammengehörigkeit der Bewegungen des linken und des rechten Armes, beziehungsweise der linken und der rechten Hand. Auf das, was wir da gefühlsmäßig erleben, stützt sich eigentlich alles dasjenige, was wir mit Bezug auf die Breitendimension erleben können.

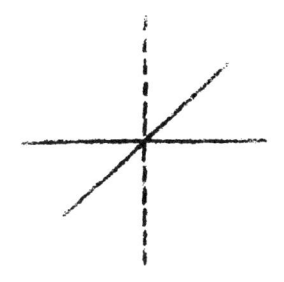

Aber auch dasjenige, was wir vorher in bezug auf den Sehakt die Tiefendimension genannt haben, wird uns in einer gewissen Weise doch bewußt durch etwas, was ja auch mit unseren Armen zustande kommt. Wie wir die Sehlinien, die Visierlinien kreuzen, so kreuzen wir ja auch die Arme, und es ist, ich möchte sagen, die gröbere Übersetzung des Sehaktes, wenn wir die Arme irgendwo kreuzen. Wir können gerade durch das Aufeinanderfolgen der Punkte, die wir bekommen, wenn wir die Arme kreuzen, uns hineinleben in dasjenige, was Tiefendimension ist, so daß wir, wenn wir vollständig erleben dasjenige, was wir in unserer Armorganisation haben, nun durchaus nicht fertig vor uns haben die zweite Dimension, die Breitendimension, wie wir sie beim Sehakt fertig vor uns haben, sondern wenn wir symbolisch ausdrücken wollen dasjenige, was nun in bezug auf die Dimensionalität beim Arme- und Händeorganismus entsteht, so müßte ich so zeichnen: die Breitendimension, die Tiefendimension (voll ausgezogene Linien). Und nur die Höhendimension, die ist fertig für dasjenige, was ich erlebe durch meine Armorganisation (punktierte Linie). Wir lassen, indem wir unsere Gebärden ausführen, indem wir gewissermaßen mit unseren Gebärden bewußt durchsetzen diejenige Fläche, welche sich zusammensetzt aus der Tiefen- und aus der Breitendimension, vollständig im Unbewußten liegen die Höhendimension, die dritte Dimension. Wann tritt diese dritte Dimension eigentlich erst in das deutliche Bewußtsein? Sie tritt in das deutliche Bewußtsein erst beim Gehakt. Wenn wir uns vom Ort bewegen, da wird die Linie, welche in dieser dritten Dimension, in der Höhendimension liegt, fortwährend eine andere, und wenn auch wiederum das Verstandesbewußtsein von dieser dritten Dimension beim Gehen ein außerordentlich leises ist, so können wir doch nicht übersehen, daß es in der Tat halbbewußt innerhalb der Verstandesoperation liegt, diese dritte Dimension in Erwägung zu ziehen. Gewiß, im groben äußeren Bewußtsein rechnen wir nicht mit der Veränderung dieser Linie in der Höhendimension. Aber indem wir überhaupt gehen und das Gehen als einen Willensakt entwickeln, verändern wir fortwährend diese Linie in der Höhendimension, und wir müssen uns sagen: Es ist ebenso leise bewußt dasjenige, was in dieser dritten Dimension vorgeht, für das Gehen, wie leise bewußt ist für den Sehakt dasjenige, was in der Tiefendimension vorgeht. Wenn wir also die Dimensionalität jetzt zeichnen wollen für dasjenige, was mit Hilfe des eigentlichen Gliedmaßenorgans geschieht, das nicht an irgend etwas anderes als an die Gliedmaßenbetätigung angepaßt ist, wenn wir die Dimensionalität studieren am Gehakt, der an die Beine und Füße gebunden ist, dann werden wir sagen können: da

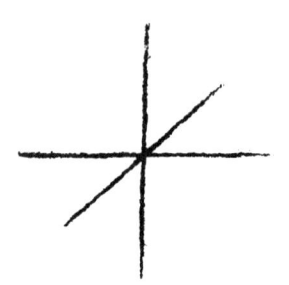

drinnen, bei diesem Gehakt, fühlen wir verstandesgemäß eine Betätigung innerhalb aller drei Dimensionen, so daß ich den Gehakt dann zu zeichnen habe mit drei Vollinien.

Wir erleben also – wenn Sie rückblicken auf dasjenige, was ich gesagt habe, werden Sie ein deutliches Bewußtsein davon bekommen – im Sehakt, der in ganz ausgesprochenem Maße angehört der Hauptes- oder Kopforganisation, eine fertige Zweidimensionalität und eine Betätigung zur Herstellung der dritten Dimension, der Tiefe. Wir erleben in demjenigen, was wir als den Ausdruck gebraucht haben für das rhythmische System, in der Arme- und Händebewegung, die Dimensionalität so, daß wir in unserem eigenen Akt zwei Dimensionen voll erleben und die dritte Dimension noch ebenso fertig im Bewußtsein dasteht wie sonst die zwei zur Fläche sich bildenden Dimensionen für die Kopforganisation im Sehakt. Erst im eigentlichen Gliedmaßenorganismus, der also zum dritten System, zum Stoffwechselsystem des Menschen gehört – den erkennen wir nur, wenn wir die das Gehen begleitenden Stoffumsetzungen studieren –, in diesem dritten System enthüllt sich uns alles dasjenige, was den Raum durchmißt nach seinen drei Dimensionen.

Nun brauchen Sie nur noch die folgende Erwägung anzustellen, so werden Sie auf außerordentlich Wichtiges kommen. Alles dasjenige, was in unserem Vorstellungsleben enthalten ist, ist im Grunde genommen der einzige Inhalt unseres vollen wachenden Bewußtseins. Dasjenige aber, was in unserem Gefühlsleben enthalten ist, kommt nicht mit derselben Deutlichkeit, mit derselben lichten Klarheit in unser Bewußtsein herein. Wir werden im weiteren Verlauf dieser Betrachtungen noch sehen, wie die eigentlichen Gefühle keine stärkere Intensität im Bewußtsein haben als die Träume und genauso wie die Träume dann vom Tagesleben, vom voll erwachten Vorstellungsleben reproduziert werden, dadurch deutliche Vorstellungen werden, also ins klare Bewußtsein hereintreten, so werden fortwährend auch beim wachen Tagesleben die Gefühle begleitet von den sie ausdrückenden Vorstellungen. Dadurch werden unsere Gefühle, die sonst nur mit der Intensität des Traumlebens auftreten, in das deutliche, helle Bewußtsein eben des Vorstellungslebens hereingezogen.

Vollständig im Unterbewußtsein bleiben ja die eigentlichen Willensbewegungen ihrer Wesenheit nach. Wodurch wissen wir eigentlich etwas vom Willen? Im Grunde genommen wissen wir von dem Willen selbst seiner Wesenhaftigkeit nach im gewöhnlichen Erkennen ja nichts, und das findet sich, ich möchte sagen, auch dokumentiert, ausgesprochen in einer solchen Psychologie wie der von Theodor Ziehen, der ja im Grunde genommen in seiner «Physiologischen Psychologie» nur vom Vorstellungsleben spricht. Die Tatsache, die er aber nicht kennt, die ich Ihnen eben jetzt vorgeführt habe, daß das Gefühlsleben eigentlich an den rhythmischen Organismus gebunden ist und nur aufstrahlt in das Vorstellungsleben, die bringt Theodor Ziehen abstrakt so zum Ausdruck, daß er sagt: Eigentlich können wir als Psychologen nur das Vorstellungsleben verfolgen und finden gewisse Vorstellungen gefühlsbetont. – Also gewissermaßen wären die Gefühle nur Eigenschaften des Vorstellungslebens. Das alles beruht eben darauf, daß von einem solchen Psychologen die eigentliche menschliche Organisation nicht durchschaut wird, die sich eben durchaus so verhält, wie ich jetzt zum Ausdruck gebracht habe. Die Gefühle bleiben, weil sie an den rhythmischen Organismus gebunden sind, im halbbewußten Zustand des Traumes, und völlig im Unbewußten bleibt das eigentliche Wesen der Willensakte. Daher werden sie von den gewöhnlichen Psychologen überhaupt nicht mehr beschrieben. Lesen Sie die sonderbaren Ausführungen gerade Theodor Ziehens über die Willensbetätigung, so werden Sie sehen, daß dem Beobachtungsvermögen dieser Psychologen die innere Betätigung des Willens – wir werden darauf zu sprechen kommen, wie sie ist – durchaus aus der Hand fällt. In der äußeren Beobachtung haben wir eben nichts anderes gegeben als das, was wir anschauen können, das Ergebnis eines Willensaktes. Wir wissen nicht das Innere, was sich vollzogen hat, wenn ein Willensimpuls unseren Arm bewegt. Wir sehen nur den Arm sich bewegen, also die äußere Tatsache beobachten wir hinterher. Wir begleiten dadurch die Offenbarungen unseres Willens mit Vorstellungen und dadurch betrachten wir sie, die sonst durchaus nur organisch durch das Stoffwechselsystem und das mit dem in Verbindung stehende Gliedmaßensystem vermittelt sind, auch als zusammenhängend mit dem Vorstellungswesen.

Aber erst in diesem Gliede des menschlichen Organismus, in dem Stoffwechselsystem, das also körperlich entspricht dem Seelischen des Willensaktes, enthüllt sich uns die Dreidimensionalität, die daher innig zusammenhängt mit einem menschlichen System, dessen Betätigung sich im wesentlichen unbewußt abspielt. Diese Dreidimensionalität kann uns ihrer Wirklichkeit nach also eigentlich nicht für die gewöhnliche Erkenntnis vorliegen. Sie kann erst enthüllt werden, wie wir sehen werden, wenn wir ebenso mit lichter Klarheit hinschauen in unser Willensleben wie sonst in unser Vorstellungsleben. Das kann mit dem gewöhnlichen Erkennen nicht geschehen, sondern, wie wir sehen werden, erst mit dem geisteswissenschaftlichen Erkennen. Darauf aber, auf der Gesamtbetätigung des Menschen, auf alldem, was in seinem Gliedmaßen- und Stoffwechselsystem lebt, ruht die Dreidimensionalität als Erleben im Unterbewußtsein. Und was geschieht? Aus dem Unterbewußtsein wird sie heraufgehoben zunächst von der Willens-Gliedmaßensphäre in die rhythmische Sphäre. Da wird sie dann nur noch erlebt als Zweidimensionalität, und die dritte Dimension, die noch im Willenswirken unmittelbar erlebt wird in ihrer Realität, diese dritte Dimension, die Höhendimension, ist bereits abstrakt geworden.

Sie sehen hier in der menschlichen Organisation das Abstraktwerden der Realität durch die Betätigung des Menschen selbst. Sie erleben im Unterbewußtsein diese Höhendimension. Durch die menschliche Organisation wird diese Höhendimension schon abstrakt zur bloßen gezogenen Linie, zum bloßen Gedanken in der rhythmischen Organisation. Und in der Nerven-Sinnesorganisation, was tritt da ein? Die beiden Dimensionen werden abstrakt. Sie werden nicht mehr erlebt. Sie können nur noch gedacht werden mit dem hinterher an die Sache herankommenden Verstand, so daß wir in dem Organ unserer eigentlichen gewöhnlichen Erkenntnis, in dem Kopfe, nur die Möglichkeit haben, die zwei Dimensionen abstrakt verstandesmäßig zum Ausdruck zu bringen. Nur von der dritten, der Tiefendimension, haben wir, ich möchte sagen, ein leises Bewußtsein auch noch in unserem Haupte. Sie sehen also, dadurch, daß wir dieses leise Bewußtsein von der Tiefendimension in unserem Haupte haben, sind wir in der Lage, überhaupt noch etwas zu wissen im gewöhnlichen Bewußtsein von der Realität der Dimensionen. Würde durch unsere Organisation diese Tiefendimension, die wir eigentlich nur am Sehakt ordentlich studieren können, ebenso abstrakt, dann würden wir überhaupt nur drei abstrakte Linien haben. Wir würden gar nicht darauf kommen, Realitäten für diese drei abstrakten Linien zu suchen.

Damit habe ich Sie auf die Realität, auf die Wirklichkeit gewiesen für dasjenige, was im Kantianismus in einer unwirklichkeitsgemäßen Weise zutage tritt. Da wird gesagt, der Raum sei mit seinen drei Dimensionen a priori in der menschlichen Organisation enthalten, und die menschliche Organisation versetze eigentlich ihre subjektiven Erlebnisse in den Raum hinein. Warum kam Kant zu dieser Einseitigkeit? Er kam dazu, weil er nicht wußte, daß dasjenige, was wir nur in der leisen Andeutung der Tiefendimension durch die Nerven-Sinnesorganisation, aber sonst abstrakt erleben, im Unterbewußten in der Realität erlebt wird, dann heraufgetrieben wird in das Bewußtsein und dadurch zur Abstraktion gebracht wird bis zu diesem kleinen Rest in der Tiefendimension. Die Dreidimensionalität erleben wir durch unsere eigene menschliche Organisation. Sie ist in ihrer Realität vorhanden in dem Willenssystem und physiologisch-physisch in dem Stoffwechsel-Gliedmaßensystem. Sie ist zunächst unbewußt für das gewöhnliche Bewußtsein und wird diesem gewöhnlichen Bewußtsein nur bewußt in der Abstraktheit des mathematisch-geometrischen Raumes.

Ich wollte Ihnen damit ein Beispiel zunächst geben von der Art und Weise, wie Geisteswissenschaft auf die menschliche Betätigung eingehen kann, wie sie eben nicht bei Abstraktionen stehen bleibt wie das Apriori im Kantischen Sinn von Raum und Zeit, sondern wie sie wirklich konkret eingeht auf die Wirklichkeit des Menschen und dadurch darauf kommt, wie sich die Dinge eigentlich im Menschen verhalten. Ich wollte Ihnen gerade dieses Beispiel geben, weil uns dieses Beispiel der eigentlichen Bedeutung des Raumes, wie ich noch weiter ausführen werde, nun hineinführt in eine genauere Erkenntnis des Wesens des Mathematischen nach allen Seiten hin.

Davon dann morgen weiter.

DRITTER VORTRAG

Stuttgart, 18. März 1921

Ich habe gestern versucht, zunächst einiges von dem zu betrachten, was zum Ursprung der Vorstellung des Dimensionalen innerhalb der menschlichen Wesenheit führen kann. Ich will nun zunächst dasjenige, was ich mir da erlaubte vor Sie hinzustellen, einmal stehen lassen. Denn bei geisteswissenschaftlichen Betrachtungen handelt es sich namentlich dann, wenn sie gewissermaßen von der anderen Seite her, von der physisch-empirischen Seite her, beleuchtet werden sollen, darum, daß man sich von verschiedenen Seiten ihnen nähert, und das will ich denn auch in diesen Vorträgen tun, will heute aber zu dem, was ich gestern gesagt habe von einer anderen Seite, einiges hinzufügen, damit wir dann die einzelnen Betrachtungen zuletzt zu einem Ganzen zusammenfassen und zu dem Niveau geisteswissenschaftlicher Betrachtungen emporheben können.

Es wird sehr häufig gesagt, geisteswissenschaftliche Betrachtungen gingen eigentlich nur denjenigen etwas an, der selber irgendwie etwas anfangen könne mit der besonderen Anschauungsform, welche der Darstellung solcher geisteswissenschaftlicher Ergebnisse zugrunde gelegt wird. Man kann in einem gewissen eingeschränkten Sinne, aber nur in einem sehr eingeschränkten Sinne zugeben, daß jemand diese Empfindung haben könne. Allein es wird sich immer darum handeln, ob dasjenige, was auf Grund geisteswissenschaftlicher Untersuchungen vorgelegt wird, in seinem Inhalt allgemein, ohne daß man sich zu einem besonderen Schauen erhebt, verstanden werden könne oder nicht, und das ist es, was ich gerade in diesen Vorträgen bis zu einem gewissen Grade begreiflich machen möchte, daß das Ergebnis geisteswissenschaftlicher Untersuchungen dem gesunden Menschenverstand durchaus begreiflich werden kann. Aber dazu ist notwendig, daß man sich wirklich auf dasjenige einläßt, was Geisteswissenschaft zu ihrer Rechtfertigung von den verschiedensten Seiten her zu sagen hat. Und zu denjenigen Dingen, welche angeführt werden können, um gewissermaßen Geisteswissenschaft zurückzuweisen, gehört der Einwand nicht, der etwa darin bestünde, daß man sagt: Wenn wir die uns umgebende Natur, wie sie uns zunächst in der äußeren Erfahrung gegeben ist, betrachten, dann ist sie aus sich selbst erklärbar, und man hat keine Möglichkeit, von dieser Erklärbarkeit aufzusteigen zu irgendwelchen anderen wesenhaften Voraussetzungen, die erst völlig dasjenige, was uns auch in der Sinnenwelt umgibt, verständlich machen sollen. – Denn ich selbst werde immer der erste sein, welcher betont, daß von einem gewissen Gesichtspunkt aus die uns umgebende Sinneswelt aus sich selbst erklärbar ist. Ich habe einmal in einem, ich gestehe es selbst, etwas wenig über das Triviale hinausliegenden Vergleich klargemacht, wie ich dieses meine. Ich sagte einmal: Wenn jemand den Mechanismus einer Uhr überschaut, so hat er nicht nötig, irgendwelche Erklärungsgründe aus der Welt, die außerhalb der Uhr liegt, zu Hilfe zu nehmen, wenn er den Mechanismus der Uhr aus sich selbst erklären will. Die Uhr ist von einem gewissen Gesichtspunkt aus durchaus aus sich selbst erklärbar. Aber das hindert nicht, daß man von einem gewissen anderen Gesichtspunkt aus zur völligen Aufhellung desjenigen, was man eigentlich mit der Uhr in der Hand hat, doch den Verstand des Uhrmachers und dergleichen mehr nötig hat, also etwas, was durchaus außerhalb der Uhr ist. Man kann eben gewisse Dinge nicht so schnell abmachen, wie man gewöhnlich meint, und deshalb ist es schon notwendig, daß man, wenn man das ganze Gefüge, das eigentliche Wesen geisteswissenschaftlicher Untersuchungen beurteilen will, sich da auch einläßt auf Einzelheiten der Darstellung, daß man sich darauf einläßt, wie diese Geisteswissenschaft selbst dasjenige, was sie auf ihrem übersinnlichen Gebiete zutage zu fördern denkt, nun anwendet im gewöhnlichen sinnlichen, empirisch gegebenen Beobachtungsfelde. Über dieses Thema möchte ich heute einiges zu Ihnen sprechen.

Ich muß da zunächst etwas voraussetzen, was ich in den nächsten Tagen in seiner Entstehungsweise genauer erklären werde. Ich muß zunächst voraussetzen, daß die eigentliche Untersuchung des geisteswissenschaftlichen Feldes zunächst zu einer anderen Erkenntnisweise, ich könnte auch sagen, zu einer anderen Seelenverfassung gegenüber der Wirklichkeit führt, als sie im gewöhnlichen Tagesleben oder in der gewöhnlichen Wissenschaft vorhanden ist. Ich habe die erste Stufe dieses – wenn man will, kann man es so nennen – übersinnlichen Erkennens die imaginative Stufe genannt. Nun möchte ich erst später darauf eingehen, wie aus gewissen Verrichtungen der menschlichen Seele heraus diese imaginative Erkenntnisstufe erreicht wird. Ich möchte aber heute dasjenige auseinandersetzen, was diese imaginative Erkenntnisstufe eigentlich ihrem Wesen nach ist, und dazu müssen wir noch einmal zurückblicken auf dasjenige, was ich hier als Betrachtung angestellt habe über das Wesen nicht so sehr der Mathematik als des Mathematisierens.

Ich habe versucht, den Unterschied zu charakterisieren, der besteht für unseren Bewußtseinsinhalt, wenn wir uns einerseits versenken in irgend etwas, was uns die äußere Sinneswelt darbietet, und was wir dann innerlich mit unseren Verstandesoperationen durchsetzen, meinetwegen auch – der Vollständigkeit halber sage ich es – mit Gemüts- und Willensimpulsen durchsetzen, und dem mathematischen Erkennen andererseits. Und wir können ja leicht einsehen, daß dasjenige, was sich beim ersteren in der Seele des Menschen abspielt, rein äußerlich ausgedrückt eine Art Wechselwirkung ist, eine unmittelbare Wechselwirkung zwischen dem Menschen und einer irgendwie gearteten Außenwelt. Bitte, nehmen Sie dasjenige, was ich so sage, nur seinem wirklichen Inhalte nach. Ich will damit keine Hypothesen aufstellen. Ich will damit nicht irgend etwas aussagen über eine hinter der Sache stehende Realität, sondern ich will damit nur zunächst dasjenige angeben, was in unserem ganz gewöhnlichen Bewußtseinsinhalt eben vorhanden ist, wenn wir in dieser Weise erkennend der Außenwelt gegenüberstehen. Es hätte diese Erkenntnis gar keinen Sinn, wenn wir nicht voraussetzen würden, daß wir in einer unmittelbaren Wechselwirkung stehen mit irgendeiner Außenwelt.

Im mathematischen Erkennen, ich möchte sagen, in dem mathematischen Erkennen erster Ordnung, das heißt in dem reinen Mathematisieren, liegt die Sache anders. Ich meine dieses Anderssein für den Fall, wenn wir, ohne auf irgendeinen äußerlichen, sinnlichen, konkreten Inhalt einzugehen, rein leben und ableiten innerhalb des geometrischen oder innerhalb des arithmetisch-algebraischen Feldes. Dasjenige, was wir da innerhalb des arithmetisch-algebraisch-geometrischen Feldes in innerer Anschaulichkeit uns vor die Seele stellen – ganz gleichgültig, ob es auf elementarem Gebiete der pythagoreische Lehrsatz oder ob es irgend etwas aus der höheren Funktionentheorie ist –, das ist etwas, das zunächst ganz und gar lebt innerhalb des, wenn ich mich so ausdrücken darf, seelischen Konstruierens, was also erfahren wird im fortwährenden Tätigsein und im Anschauen der eigenen Tätigkeit. Dieses Mathematisieren – wie gesagt, wenn ich mich so ausdrücken darf – erster Ordnung, das ganz innerhalb des seelischen Erlebens verläuft, wenden wir dann in der mathematisierenden Naturwissenschaft oder vielleicht auch auf anderen Gebieten des Daseins auf die äußere Welt an, und wir finden einfach innerhalb des Arbeitens, daß dasjenige, was wir zuerst rein innerlich erlebt haben, auf diese unsere sinnliche Außenwelt anwendbar ist. Schon daraus, daß es auf die sinnliche Außenwelt anwendbar ist, geht hervor, daß es einen reinen Bildcharakter haben muß, einen Charakter, der dadurch gekennzeichnet werden kann, daß man sagt: Dasjenige, was wir mathematisch erleben, hat als solches noch nicht irgendeinen Inhalt, nicht irgend etwas von dem Inhalt, den wir draußen innerhalb unserer Umgebung finden. Es ist in dieser Beziehung das im Mathematisieren Enthaltene durchaus inhaltslos, das heißt, es ist bloßes Bild. – Inwiefern sich das Räumliche, das im Mathematischen bloß Bild ist, dennoch einer Realität einordnet, habe ich gestern gezeigt mit Beziehung auf die Auffassung des Dimensionalen. Aber innerhalb des Mathematischen ist dasjenige, was wir entwickeln, durchaus bloßes Bild. Wäre es nicht Bild, dann könnten wir diejenige Behandlungsweise, die wir vollziehen, wenn wir mathematische Naturwissenschaft zum Beispiel treiben, nicht ausführen. Denn es würde eine Wirklichkeit und nicht bloß ein Bildliches zusammenzufließen haben innerhalb des Erkenntnisaktes. Daß ein Wirkliches aber nicht zusammenfließt mit dem Erkenntnisakt, das wird uns eben bewußt, wenn wir diesen Erkenntnisakt wirklich arbeitend vollziehen.

Nun, wenn wir diesen Bildcharakter des Mathematischen auf der einen Seite erkennen, auf der anderen Seite aber uns klar sind, daß wir diese mathematischen Bilder erleben, dann haben wir, zunächst zwar ohne einen bestimmten realen Inhalt, aber doch einen Bewußtseinsinhalt, der von uns durchaus in seiner Bildhaftigkeit erlebt werden kann, ja, der gerade dadurch in seiner Bildhaftigkeit erlebt werden kann, daß wir ganz und gar durchschauen, wie, ich möchte sagen, verborgen bleiben gewisse Dinge, die wir doch vermuten müssen in demjenigen, was sich unseren Sinnen darbietet, gegenüber dem, was wir mathematisierend erleben. Im Mathematisieren stehen wir ganz drinnen in demjenigen, was sich eigentlich abspielt. Im Mathematisieren können wir sagen, daß wir durchaus verbunden sind restlos mit demjenigen, was sich abspielt. Das, in Verbindung mit dem Bildcharakter des Mathematischen, gestattet uns, innerhalb unseres Bewußtseins eine recht klare Vorstellung von dem zu bekommen, was wir eigentlich im Mathematisieren erleben, und darauf beruht es, daß man innerhalb des Mathematiktreibens eine so außerordentlich große Sicherheit hat, daß man tatsächlich weiß, indem man Mathematik treibt, man bewegt sich in einem Felde, in dem Erkenntnissicherheiten walten. Es wird vielleicht manchem, der sich mit diesen Dingen befaßt, doch so gegangen sein, daß er den Unterschied gemerkt hat, der im Studium besteht zwischen dem Befassen mit äußeren sinnlichen Realitäten und dem Befassen mit demjenigen, was im Felde der reinen Mathematik liegt. Vor allen Dingen, man kann sicher sein, wenn man mathematisiert, daß man fortdauernd alles dasjenige, was man tut, mit vollem, lichtem, klarem Bewußtsein verfolgt, und ich glaube, es ist nicht zuviel behauptet, wenn man sogar sagt, daß man die Bewußtseinsklarheit ermessen kann dadurch, daß man das Mathematische als dasjenige nimmt, an dem sich diese Bewußtseinsklarheit am deutlichsten ausspricht. Wir können eigentlich nicht irgendwie daran zweifeln, daß jede einzelne Handhabung, wenn ich mich dieses Ausdrucks bildlich bedienen darf, die wir vollziehen, wenn wir mathematisieren, zu gleicher Zeit, indem sie innerlich anschaulich ist, auch von unserer innerlichen willkürlichen Tätigkeit begleitet ist. Wir haben uns gewissermaßen ganz in der Hand, wenn wir mathematisieren.

Sehen Sie, was da in der Bewußtseinsverfassung vorliegt im Mathematischen, das strebt derjenige an, welcher sich hinaufringen will zu dem, was ich nenne imaginatives Vorstellen. Wenn wir mathematisieren, so haben wir zum Seeleninhalt das Zahlenmäßige, über das ich noch sprechen werde, und das Räumliche und ähnliches. Wir haben also ein gewisses Feld eines ganz bestimmten Bildinhalts innerhalb unserer Seele. In einer ganz ähnlichen Seelenverfassung einen anderen Bildinhalt anzustreben, das ist dasjenige, was vorschwebt der Entwickelung zum imaginativen Erkennen, und da komme ich nun zu folgendem.

Wenn wir das Mathematische auf die äußere Natur anwenden, können wir doch nicht anders – namentlich werden wir das tun, wenn wir viel nach dieser Richtung gearbeitet haben –, als dieses mathematische Behandeln der äußeren Natur zunächst nur anwenden auf dasjenige, was wir innerhalb der äußeren Natur die mineralische Welt nennen. Die mineralische Welt bietet uns dasjenige dar, was in einer gewissen Weise der rein mathematischen Behandlungsweise durchaus fähig ist. In dem Augenblick, wo wir heraufsteigen von dem bloß Mineralischen zum Vegetabilischen, zu den anderen Naturreichen, läßt uns die mathematische Behandlungsweise so, wie wir sie gewöhnt sind, im Stich. Nun möchte derjenige, der sich zur imaginativen Vorstellungsart emporheben will, etwas in seinem Seelenleben gewinnen, das nun nicht bloß geometrische Gebilde oder Zahlenzusammenhänge umfaßt, sondern er möchte Gebilde gewinnen, welche ganz in gleicher Art in der Seele leben wie diese mathematischen Gebilde, aber in ihrem Inhalte über das Mathematische hinausgehen. Er möchte Gebilde gewinnen, die er dann auf das Vegetabilische ebenso anwenden kann, wie er die mathematischen Gebilde auf das Mineralische anwendet. Deshalb muß zuerst – wie gesagt, über die einzelnen Methoden, die zum imaginativen Erkennen führen, möchte ich später noch sprechen – angestrebt werden, daß alles dasjenige, was zu einem imaginativen Erkennen führt, durchaus in einer solchen Seelenverfassung sich vollziehe, daß diese dem mathematischen Erkennen völlig gleichwertig ist. Es handelt sich darum, daß die beste Art der Vorbereitung für die Heranbildung des imaginativen Erkennens die ist, sich möglichst viel mit Mathematisieren befaßt zu haben, nicht so sehr, um zu mathematischen Einzelerkenntnissen zu kommen, sondern um ein deutliches Erleben von dem zu bekommen, was eigentlich die Menschenseele tut, indem sie in mathematischen Gebilden sich bewegt. Dieses Tun der Menschenseele, dieses vollbewußte Tun der Menschenseele soll nun angewendet werden auf ein anderes Gebiet, das soll angewendet werden so, daß wir ebenso, wie wir es in der Mathematik machen, aus unseren inneren Gebilden, wenn ich jetzt des Ausdrucks in erweitertem Sinne mich bedienen darf, weitere Gebilde konstruieren, durch die wir ebenso in das vegetabilische Leben eindringen können oder das vegetabilische Leben so durchsetzen können, wie wir durchsetzen können das mineralische Wesen, das chemisch-physikalische Wesen und so weiter mit den mathematischen Gebilden.

Dies muß ich aus dem Grund besonders scharf hervorheben, weil ja, indem man einfach im Trivialsinn den Ausdruck «Hellsehen» gebraucht für dasjenige, was als übersinnliches Schauen in der Geisteswissenschaft angewendet wird, unter diesem Ausdruck «Hellsehen» eigentlich ziemlich viel Konfuses verstanden wird, und weil namentlich sehr häufig dasjenige, was man ja – auf Worte kommt es nicht an – gewiß als Hellsehen bezeichnen kann, sehr leicht verwechselt wird mit all demjenigen, was sich in der menschlichen Konstitution herausstellt, wenn die Bewußtseinsfunktionen herabgestimmt werden, so daß sie gewissermaßen unter die Fläche desjenigen fallen, was das Alltagsbewußtsein ist, wie in der Hypnose, unter dem Einfluß von suggestiven Vorstellungen und dergleichen. Mit diesem Herabstimmen, mit diesem Eindringen in ein Unterbewußtes, mit diesem Herabdämpfen des Bewußtseins hat dasjenige, was hier gemeint ist als ein Erreichen des imaginativen Lebens, absolut nichts zu tun, sondern es handelt sich bei diesem um ein Heraufheben des Bewußtseins, um ein Sich-Bewegen mit dem Bewußtsein gerade in der entgegengesetzten Richtung als der, die angestrebt wird bei dem, was man im Trivialsinne Hellsehen nennt. Es handelt sich eigentlich bei dem, was man im Trivialsinne Hellsehen nennt, immer um ein Dunkelsehen, und es wäre schon recht, wenn man sagen könnte, ohne mißverstanden zu werden, daß das Hinaufstreben zum imaginativen Erkennen ein wirkliches Erstreben eines Hellsehens ist. Sie brauchen ja nur das, was ich eben Dunkelsehen genannt habe, zu vergleichen mit dem, was ich Ihnen hier mit wenigen Worten charakterisiert habe. Bei alldem, was Ihnen entgegentritt bei einer mehr oder weniger medial gearteten Seelenstimmung, sehen Sie Herabdämpfen des Bewußtseins, sei es dadurch, daß künstlich das Bewußtsein herabgedämpft ist, oder daß derjenige Mensch, welchen man als Medium gebraucht, schon von vornherein etwas schwachsinnig ist, und daß man sehr leicht sein Bewußtsein etwas herabstimmen kann. Es handelt sich immer um etwas, was Sie ganz gewiß nicht vergleichen können mit einer Seelenverfassung, die in so heller Klarheit verläuft, wie nur irgend die mathematisch gestimmte Seelenverfassung verlaufen kann. Dasjenige, was man heute vielfach Hellseherei nennt – Sie werden das erfahren haben –, hat außerordentlich wenig zu tun mit dem Anstreben einer Seelenstimmung in mathematischer Klarheit, sondern im Gegenteil, da liegt gewöhnlich das Bestreben vor, soviel als möglich in die Finsternis des Konfusen hinunterzutauchen. Auf entgegengesetzte Art will sich eben dasjenige betätigen, was ich Ihnen nun aufeinanderfolgend schildern werde als imaginatives Schauen.

Nun, dieses imaginative Schauen ist ja gewiß zunächst etwas, was in der Seele lebt so, daß es nur dadurch in dieser Seele gegenwärtig werden kann, daß es entwickelt wird. Schließlich ist ja das fünfjährige Kind auch noch kein Mathematiker. Es muß die mathematische Bildhaftigkeit auch erst entwickelt werden, und es ist nicht weiter wunderbar, daß dasjenige, was vom vormathematischen Zustand zu dem Zustand der Seele hinläuft, der sich im Mathematischen auslebt, in einer gewissen Weise fortgesetzt werden kann, daß man also dasjenige, was ich im Mathematischen schon zu einer gewissen lichten Klarheit des inneren Erlebens gebracht habe, auch noch weiter fortsetzen kann. Nun handelt es sich aber darum, ob derjenige, welcher nun sagt: ja, aber die Beziehungen müssen hergestellt werden zu demjenigen, was gewöhnliche sinnliche Beobachtung ist –, recht hat. Er hat in einer Weise durchaus recht, und es handelt sich darum, diese Beziehungen auch wirklich in den Einzelheiten zu verfolgen.

Betrachten wir zu diesem Ende noch einmal dasjenige, was ich gestern die Nerven-Sinnesorganisation des Menschen genannt habe. Diese Nerven-Sinnesorganisation des Menschen ist vorzugsweise konzentriert im menschlichen Haupte, obwohl ich schon gestern sagte, dasjenige, was nur der Hauptsache nach im menschlichen Haupte sitzt, verbreite sich doch wiederum über die gesamte menschliche Organisation. Allein man kann nun diese Hauptesorganisation auch in folgender Art betrachten. Da wollen wir einmal ausgehen von etwas, was ja durch lange Zeiten hindurch in der neueren Wissenschaft gewisse Schwierigkeiten gemacht hat. Ich habe diese Schwierigkeiten behandelt in meinem Buche «Die Rätsel der Philosophie» in dem Kapitel, das ich überschrieben habe «Die Welt als Illusion». Es besteht ja für die moderne Denkweise durchaus eine große Schwierigkeit in dem Herstellen einer Beziehung zwischen dem Eindrucke, der von der sinnlichen Außenwelt auf den Menschen gemacht wird, und demjenigen, was eigentlich im Inneren des Menschen dann erlebt wird in der Vorstellung oder, sagen wir, schon einfach in dem Empfindungsinhalte. Diese Schwierigkeit hat ja dazu geführt, daß man sagte: Dasjenige, was sich da draußen außer uns abspielt, kann überhaupt nicht zum Inhalte unseres Bewußtseins werden, sondern dasjenige, was Inhalt unseres Bewußtseins wird, ist im Grunde genommen hervorgebracht aus dem Seelischen als eine Reaktion auf den Eindruck von der Außenwelt. Denn der Eindruck von der Außenwelt bleibt im Grunde genommen jenseits des Wahrnehmbaren. Innerhalb des Feldes des Wahrnehmbaren ist eigentlich nur dasjenige enthalten, was als Reaktion aus der Seele auf das Wahrnehmbare herauskommt. – Man hat sich ja eine Zeitlang in einer etwas groben Weise die Sache so vorgestellt, daß man sagte – und viele sagen noch heute so –: Draußen in der Welt sind Schwingungen irgendeines Mediums vorhanden, Schwingungen von sehr großer Schnelligkeit, und dasjenige, was da draußen als Schwingungen vorhanden ist, macht in einer gewissen Weise einen Eindruck auf uns, die Seele reagiert darauf, und wir zaubern aus der Seele die ganze farbige Welt hervor, die ganze Welt, die wir die Welt unserer Augen nennen können. Dasjenige, was wir da ausgebreitet haben um uns herum für unser Bewußtsein, die ganze farbige Welt, sie stellt eigentlich nur die Reaktion der Seele dar auf dasjenige, was durchaus im Unbekannten liegend draußen als irgendwelche Schwingungen eines Mediums, das den Raum ausfüllt, existiert. – Ich führe das nur an als ein Beispiel, wie man sich solche Sachen vorstellt, und möchte nun auf dasjenige eingehen, was Ihnen zunächst nur darstellen soll eine andere Art, die Sache anzusehen.

Wenn Sie wiederum zunächst nehmen dasjenige, wovon ich gestern ausgegangen bin, die Betrachtung des totalen Sehaktes, des Sehaktes überhaupt, so werden Sie eine Grundlage haben, um auch denselben Vorgang für die anderen Sinne zu betrachten. Was liegt denn eigentlich vor, wenn wir hinschauen auf dasjenige, was äußere Sinneswahrnehmung für den Menschen darstellt? Denken wir, um uns das zu verdeutlichen, zunächst an die Welt des Auges. Man wird nicht verkennen können – ich gehe jetzt nur deskriptiv vor –, daß wir, wenn wir das Auge betrachten, trotz des Umstandes, daß wir dieses Auge anzusehen haben als ein lebendiges Glied in unserem ganzen lebendigen Organismus, doch innerhalb dieses Auges beim Sehakt zu verzeichnen haben Vorgänge, die wir ebenso verfolgen können wie die Vorgänge in der äußeren, im weitesten Sinne so zu nennenden mineralischen Wirklichkeit. Trotzdem das Auge ein Lebendiges ist, können wir uns konstruieren, wie das Licht in das Auge einfällt, wie durch eine gewisse Art der Einrichtung des Auges etwas Ähnliches hervorgerufen wird, wie wenn wir das Licht einfallen lassen durch irgendeinen Spalt auf eine Wand und ein Bild erzeugen. Kurz, man kann bis zu einem hohen Grade innerhalb des Auges weiter konstruieren dasjenige, was man sich zu konstruieren für befugt hält innerhalb der äußeren mechanischen, mineralischen Welt. Man kann gewissermaßen fortsetzen in den menschlichen Organismus hinein dieses Konstruieren im äußeren mechanisch-mineralischen Feld. Wenn die Sache auch für die anderen Sinne etwas anderes ist als für das Auge, wir können doch das Auge als einen Repräsentanten für eine entsprechende Tatsachenreihe, die hier in Betracht kommt, ansehen. Sehen Sie, dasjenige, was sich da vollzieht und was wir verfolgen mit unseren Konstruktionen, vollzieht sich ja durchaus innerhalb des Auges und damit innerhalb unseres Organismus, und es handelt sich nun darum, ob wir irgendwie beikommen können demjenigen, was sich da innerhalb unseres Organismus eigentlich vollzieht. Wenn man bei einer ganz äußerlichen Betrachtungsweise stehenbleibt, so wird man etwa so sagen: Nun ja, irgendeine unbekannte Außenwelt übt einen Eindruck auf das Auge aus. Innerhalb des Auges geschieht irgend etwas, das übt wiederum seine Wirkung zurück auf den Sehnerv und so weiter bis zu unseren Zentralorganen. Dann kommt auf irgendeine uns unbekannte Weise die

Reaktion der Seele zustande. Wir zaubern aus der Seele hervor die ganze bunte Farbenwelt als eine Reaktion auf diesen Eindruck.

Das alles ist eigentlich durchaus eine Betrachtungsweise, die in einen Abgrund hineinführt, und es wird ja von zahlreichen Forschern eben durchaus heute schon zugegeben, daß wir mit einer solchen Untersuchungsmethode, indem wir einfach äußerlich zunächst dasjenige betrachten, was vor dem Auge steht, dann die Vorgänge im Auge, die Vorgänge, soweit das heute möglich ist, weiter zurückliegend im Gehirn und so weiter, daß wir da eigentlich, auch wenn wir bis zum Letzten kommen könnten, doch nur zu materiellen Vorgängen oder Anschauungen kommen, und daß der Punkt auf diesem Wege nie gefunden werden könnte, an dem die Reaktion eines Seelischen auf diesen äußeren Eindruck eigentlich geschieht, so daß wir durch diese Betrachtungsweise niemals demjenigen beikommen, was wir eigentlich an der Außenwelt erleben. Wir können in dieser Weise die Betrachtung anstellen, aber wir kommen niemals dem bei, was wir an der Außenwelt erleben.

Wenn nun der Geistesforscher in sich dasjenige entwickelt, was ich imaginatives Erkennen nenne, dann verwandelt sich für ihn das ganze Problem in ein anderes. Dann kommt er dazu, innerhalb des Auges nicht mehr bloß dasjenige sehen zu müssen, was der äußeren physisch-mineralischen Welt nachkonstruiert ist, sondern er kommt dazu, tatsächlich im Auge etwas zu erfassen, was von ihm durchdrungen werden kann, wenn er das Imaginieren ausgebildet hat. Nicht wahr, auf der einen Seite machen wir es im mathematischen Imaginieren gegenüber der physikalisch-mineralischen Außenwelt so, daß wir diese Außenwelt durchdringen mit dem, was geometrisch, was arithmetisch ist, und wir fühlen, wie zusammenwächst in der Betrachtungsweise dasjenige, was wir erst im Mathematisieren innerhalb unseres Bewußtseinsfeldes ausgearbeitet haben, mit demjenigen, was äußere Vorgänge sind. Aber mit demjenigen, was im Auge Vorgang ist, fällt für den, der die Imagination ausgebildet hat, nicht nur unmittelbar zusammen dasjenige, was er mathematisiert, sondern auch noch dasjenige, was er nach dem Muster des Mathematisierens in den Bildern des imaginativen Vorstellens sich vorlegt. Mit anderen Worten: Beim Anschauen des Auges hat der

Imaginierende den weiteren Inhalt, und dieser Inhalt ist so, daß der Betreffende jetzt auch weiß: ich erfasse eine Realität mit meinem Imaginieren, wie ich sonst der äußeren physisch-mineralischen Natur gegenüber eine Realität erfasse mit meinem Mathematisieren.

Also, wir wollen uns gut verstehen: Man wendet zunächst in der Geistesforschung jene Methoden, die man sonst äußerlich mit Hilfe der Mathematik anwendet im Naturforschen, auf die Welt des Auges an. Man sieht aber, wenn man erst das imaginative Vorstellen ausgebildet hat, daß man dem Auge gegenüber eine Realität hat, die man nicht hat, wenn man sich nur der äußeren physisch-mineralischen Welt gegenüber befindet. Für denjenigen, der zu imaginativen Vorstellungen vorgeschritten ist, wird nämlich die äußere physische Materie zunächst nichts anderes, als was sie ist für das gewöhnliche Bewußtsein. Halten wir das ganz fest: Sie können noch so scharf in sich entwickelt haben das imaginative Vorstellen, Sie werden, wenn Sie es richtig entwickelt haben und wenn Sie wissen, welches die richtige Seelenverfassung im imaginativen Vorstellen ist, nicht zugeben können, daß Sie in dem, was Sie als einen physikalischen Prozeß, was Sie als einen chemischen Prozeß übersehen oder gar als irgend etwas, was im rein mechanischen Felde abläuft, daß Sie darin mehr sehen zunächst, als derjenige sieht, der seine gesunden Sinne und seinen gesunden Verstand hat. Und derjenige, der eben für den nächsten Anblick behauptet, daß er innerhalb des anorganischen Feldes etwas anderes sieht als der Nichtschauende, der ist auf einem abschüssigen Wege in der Geisteserkenntnis, nicht auf dem richtigen Wege in der Geisteserkenntnis. Der mag allerlei Gespenster sehen, aber die geistigen Entitäten der Welt werden sich ihm in ihrer wahren Gestalt nicht enthüllen. Dagegen in dem Augenblick, wo man in sein Beobachtungsfeld einbezieht das menschliche Auge, da hat man genau dieselbe Erfahrung mit seiner Imagination, die man sonst hat mit dem Mathematisieren gegenüber der äußeren Natur. Mit anderen Worten: Wenn wir das lebendige menschliche Auge anschauen, wenn wir es zur Beobachtung machen, in unsere Beobachtung hereinnehmen, dann ist das so, daß wir, erst wenn wir die Imagination entwickelt haben, wissen, daß wir einer vollen Wirklichkeit gegenüberstehen, wenn wir nicht nur mathematisches Konstruieren auf das Auge ausdehnen können, sondern wenn wir auch auf dieses Auge ausdehnen können das Konstruieren im Imaginativen.

Was folgt daraus? Daraus folgt, daß ich also im Auge meinetwegen konstruieren kann einen Vorgang ganz nach dem Muster von mathematischen Konstruktionen innerhalb des empirischen materiellen Feldes. Ich weiß, daß dieser Vorgang im Auge durchaus so zu konstruieren ist, wie irgend etwas in einer Dunkelkammer oder dergleichen, in

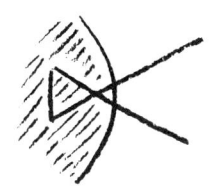

der äußeren mineralisch-mechanischen Welt. Aber ich weiß auch, daß dieses ganze Feld, in dem ich da konstruiere, noch etwas anderes enthält, was ich, wenn ich ebenso vorgehen will wie sonst mit dem Mathematischen gegenüber der anorganischen Natur, nur mit dem imaginativen Erkennen durchdringen kann. Was heißt das aber? Es ist im menschlichen Auge etwas, was in der anorganischen Natur nicht darinnen ist, und das, was da im menschlichen Auge darinnen ist, was in der anorganischen Natur nicht vorhanden ist, das wird erst als eine Realität erkannt, wenn man sich ebenso mit ihm zusammenschließt, wie man sich in dem Mathematischen zusammenschließt mit dem Anorganischen. Wenn man diesen Akt vollzogen hat, dann sagt man: man ist vorgedrungen bis zum menschlichen Ätherleib. Man hat durch das Imaginieren ergriffen die ätherische Natur des Menschen so, wie man sonst durch das Mathematische ergreift die anorganische Natur draußen.

Also man kann in ganz bestimmter Weise angeben, wie man sich verhält, um in einem Sinnesorgan das Ätherische durch Imagination zu entdecken. Es ist durchaus nicht der Fall, daß man in irgendeiner konfusen, phantastischen Weise zu der Vorstellung eines menschlichen Ätherleibes kommt, sondern man kommt zu dieser Vorstellung dadurch, daß man zunächst die Imagination ausbildet und dann an einem Objekt, das dazu geeignet ist, zeigt, zunächst für sich selbst zeigt, daß der Inhalt des imaginativen Vorstellens so zusammenwachsen kann mit dem Objektiven, wie sonst das Mathematische mit seinem Objektiven zusammenwächst.

Was aber folgt jetzt für die menschliche Konstitution daraus? Es folgt für die menschliche Konstitution daraus, daß wir etwas, was in uns lebt, was in uns vorhanden ist, den menschlichen Ätherleib, vorrücken lassen in einer gewissen Weise, so daß er zusammenfällt mit demjenigen, was äußerliche anorganische Natur ist. Und dasjenige, was wir für das Auge behaupten können, das gilt auch, wenn auch in abgeänderter Form, für die übrigen Sinne. Wir können also sagen: Eigentlich haben wir bei einem unserer Sinne das vorliegend, daß wir zunächst zu rechnen haben gewissermaßen mit einer Aushöhlung, wenn ich mich grob ausdrücken darf, in unserem Organismus. – Da wäre der Organismus also beim Auge dasjenige, was sich im Gehirn, in den Gesichtspartien dem Auge anschließt. – In diesen Organismus sind eingegliedert gewissermaßen von der Außenwelt Golfe, wenn ich mich so ausdrücken darf. Wie das Meer Golfe hineinträgt in das Land, so trägt die Außenwelt solche Golfe in unseren Organismus hinein, und

diese Außenwelt setzt ihre Vorgänge, die Vorgänge des Anorganischen, in diese Golfe einfach fort. Wir können dort das nachkonstruieren, was sich als Anorganisches abspielt. Wir konstruieren das Anorganische nicht nur draußen außerhalb des Auges, wir konstruieren es mit Recht hinein in das Auge. Es spaltet sich also innerhalb unseres Auges etwas ab, das wir durchaus ebenso konstruieren können, wie wir im Anorganischen mathematisierend konstruieren. Aber dasjenige, was man jetzt durch Imagination erfaßt, deckt sich in der Tat damit bis zur äußeren Grenze des Auges und noch darüber hinaus – davon will ich heute nicht sprechen. So daß also dasjenige, was hereinströmt wie in einen Golf von der wahren Natur der Außenwelt, hier zusammenkommt mit einem Glied der menschlichen Organisation, das zwar nicht Fleisch und Blut zunächst enthält, das aber durchaus zum menschlichen Organismus gehört und durch imaginative Auffassung erkannt, angeschaut werden kann. Im Auge und den übrigen Sinnen durchsetzt unsere Ätherorganisation dasjenige, was in diese Golfe hineinströmt von der Außenwelt. Es ist tatsächlich eine Begegnung vorhanden zwischen einem höheren Übersinnlichen – ich will einstweilen den Ausdruck gebrauchen, ich werde das alles noch genauer erklären –, und dem, was von der Außenwelt in uns hereinkommt; es ist ein Zusammenfluß zwischen dem, was man ätherische Organisation nennen kann, und dem, was äußerlich in uns hereinkommt, wirklich vorhanden. Wir werden eins mit diesem Geschehen in unserem Auge, das wir rein geometrisch nachkonstruieren können. Wir erleben das Anorganische im Felde unserer Sinne wirklich in uns.

Das ist das Bedeutsame, zu dem zunächst das imaginative Erkennen führt. Es führt durchaus dazu, ein Problem zu lösen, das eine Crux ist für die moderne Physiologie und für dasjenige, was man gerne auch Erkenntnistheorie nennt, deshalb, weil man innerhalb der physiologischen und sonstigen Untersuchungen nicht weiß, daß noch ein ätherischer Organismus, der aber nur erfaßt werden kann im imaginativen Erkennen, im Menschen vorhanden ist, und daß dieser Organismus entgegenkommt dem, was in uns wirklich die Außenwelt hineinschiebt und ganz durchdringt das, was da hineingeschoben wird. Dadurch wird das ganze Problem ein anderes Gesicht bekommen. Denken Sie sich einmal, der Mensch wäre ebenso imstande, durch einen photographischen Apparat seinen ätherischen Leib leiten zu können, so würde er dasjenige, was im photographischen Apparat sich abspielt, in einer ähnlichen Weise in Verbindung mit seinem eigenen Wesen anschauen, wie er dasjenige, was sich im Auge abspielt, in Verbindung mit seinem eigenen Wesen anschaut.

Es sind wahrhaftig nicht phantastische Probleme, mit denen sich ernst gemeinte anthroposophisch orientierte Geisteswissenschaft befaßt, sondern es sind gerade diejenigen Probleme, an denen man, wenn ich den Ausdruck gebrauchen darf, in einer gewissen Weise innerlich verbluten kann, wenn man nur angewiesen ist auf dasjenige, was moderne Wissenschaft in diesem Feld zu bieten in der Lage ist. Wer jemals wirklich im inneren Erleben dasjenige mitgemacht hat, was eben durchgemacht werden kann, wenn man das Illusionärwerden der Außenwelt im Erkenntnisakt sich wirklich vor die Seele hinstellt, wer gelitten hat unter der Unsicherheit, die sich sofort einstellt, wenn man vom rein physischen Erkennen aus dasjenige begreifen will, was im Sinnesauffassungsvorgang sich abspielt, wer jemals diese Erkenntnisfrage durchlebt hat, der allein weiß, welche starken Kräfte einen hinziehen zu dem, was ich nennen möchte und was ich in den nächsten Vorträgen genauer auseinandersetzen werde: das Anstreben einer höheren Entwickelung des Erkenntnisvermögens.

Ich habe heute von der ersten Stufe dieses Imaginierens gesprochen und auch von dem nur insoweit, als ich es charakterisieren wollte in seiner Ähnlichkeit und doch wiederum Verschiedenheit mit dem Mathematisieren. Aber dasjenige, was in dieser Weise erlebt wird, prägt sich deutlich ab in denjenigen Dingen, welche uns als Erkenntnisgrenzen in der heute üblichen Wissenschaft entgegentreten. Wenn wir wirklich mit innerer Gewissenhaftigkeit an das Dasein und an die gesamte Welt, insofern sie uns Rätsel aufgibt, herantreten, wenn man erkannt hat, wie hilflos eigentlich doch dasjenige, was die gewöhnliche Logik, was die gewöhnliche Mathematik ist, steht gegenüber dem, was sich abspielt in uns selbst in jedem Augenblick, wo wir sehen, hören und so weiter, wenn wir sehen, wie hilflos man bleibt mit diesem gewöhnlichen Erkennen gegenüber demjenigen, was eigentlich immer da ist in unserem wachen Bewußtsein, dann kann schon die tiefe Sehnsucht entstehen nach einer Erweiterung und Vertiefung unseres Erkennens. Und ebensowenig wie ja schließlich innerhalb unserer modernen Kultur jeder den Anspruch erhebt, ein Forscher zu sein auf irgendeinem anderen Gebiet als auf seinem eigenen, und dasjenige entgegennimmt, was ihm der geschulte Forscher darbietet, so könnte es ja für eine

Zeitlang auch – das gilt nur in eingeschränktem Sinne – gegenüber dem Geistesforscher gelten.

Aber immer wieder und wiederum muß gesagt werden, daß die Welt vor allen Dingen ein Recht hat, von dem Geistesforscher zu verlangen, daß er ihr sage, wie er zu seinen Resultaten kommt. Dieses, wie er zu seinen Resultaten kommt, kann er in allen Einzelheiten auseinandersetzen. Und wenn ich zurückschaue auf die Art und Weise, wie ich das versuchte der Welt auseinanderzusetzen seit jetzt wirklich mehr als zwanzig Jahren auch in einer rein anthroposophischen Sprache, dann darf ich wohl sagen: Wenn es meinerseits noch nicht mehr gelungen ist, Widerhall zu finden mit dieser anthroposophisch orientierten Geisteswissenschaft in der Welt, wenn es immer wieder und wiederum notwendig geworden ist, für diejenigen zu sprechen, die weniger auf die Einzelheiten eingehen können, weil sie nicht wissenschaftlich geschult sind, und wenn es wenig möglich gewesen ist, für die wissenschaftlich Geschulten zu sprechen, so liegt es, wie die Erfahrung gezeigt hat, im wesentlichen an diesen wissenschaftlich Geschulten. Sie haben bisher nur in sehr mäßiger Weise dasjenige hören wollen, was der Geistesforscher über seine Wege zu sagen hat. Hoffen wir, daß das für die Zukunft anders werden kann. Denn es ist durchaus notwendig, daß wir durch tiefere Kräfte zu einem Aufstiege kommen als durch diejenigen, die ja deutlich zeigen, daß sie das nicht vermögen, weil sie uns im Grunde genommen doch in einen Niedergang unserer Kultur hineingeführt haben. Davon dann morgen weiter.

VIERTER VORTRAG

Stuttgart, 19. März 1921

Ich habe mich gestern bemüht darzulegen, wie durch die Entwickelung des imaginativen Vorstellens es möglich werden kann, die Wesenheit der menschlichen Sinneswahrnehmung in einer anderen Weise zu durchschauen, als das der Fall sein kann, wenn man nur wiederum mit den Ergebnissen der gewöhnlichen Sinneswahrnehmung und mit dem kombinierenden Verstand an diese Aufgabe herantritt. Ich habe besonders betont, daß dieses imaginative Vorstellen, dessen Entwikkelung, wie ich schon gesagt habe, ich noch im weiteren schildern werde, im seelischen Erleben so verlaufen muß, daß es nachgebildet ist dem mathematischen Vorstellen, dem Entwickeln, Analysieren und so weiter von mathematischen Gebilden.

Nun wird Ihnen ja daraus das weitere klar sein, was ich dann dargestellt habe: daß man genau in derselben Weise, wie man sich mit den Ergebnissen innerlich entwickelten Mathematisierens an die äußere sinnliche Wirklichkeit macht im mineralisch-physischen Reiche, man sich mit demjenigen, was dem imaginativen Vorstellen gegeben ist, so, sagen wir zunächst, an das Reich der menschlichen Sinne macht, um dasjenige zu erkennen, was in diesen – ich habe gestern gesagt – Golfen, welche die physisch-sinnliche Außenwelt hineinsendet in den menschlichen Organismus, vorgeht. Nun handelt es sich aber darum, daß derjenige, der ein solches imaginatives Vorstellen ausgebildet hat, zu gleicher Zeit mit der Erkenntnis des Wesens der menschlichen Sinne, also der eigentlichen Hauptesorganisation des Menschen, auch zu anderem kommt. Er kommt zum Beispiel dazu, sich Vorstellungen bilden zu können über das Wesen des Vegetabilischen. Angedeutet habe ich das auch schon gestern. Nicht wahr, wenn wir mit den bloßen Ergebnissen räumlicher und algebraischer Mathematik an das Pflanzenwachstum, an die Pflanzengestaltung und so weiter treten, so können wir ja nicht die Empfindung erhalten, daß in irgendeiner Weise dasjenige, was wir im mathematischen Bewußtsein gegeben haben, untertauchen könne in das Pflanzenreich ebenso, wie es untertauchen kann in das mineralische Reich. Dagegen in dem Augenblick, wo wir das imaginative Vorstellen zunächst rein innerlich ausbilden, kommen wir dazu, das Pflanzliche uns so zu vergegenwärtigen, wie das sonst im Mineralischen auf die angezeigte Art der Fall ist.

Aber es tritt dann das Eigentümliche ein: Man tritt dann an die Pflanzenwelt so heran, daß einem die einzelne Pflanze eigentlich nur erscheint wie ein Teil eines großen Ganzen. Man bekommt auf diese Art eigentlich erst eine Vorstellung von dem Pflanzlichen innerhalb der Erdenwelt. Man bekommt nämlich die Vorstellung, daß das gesamte Pflanzenreich der Erdenwelt eigentlich mit dieser Erdenwelt zusammen eine große Einheit bildet. Das ergibt sich rein empirisch dem imaginativen Blick. Natürlich, wir können ja niemals mit unserem physischen Dasein mehr umfassen als irgendeinen Teil der Pflanzenwelt der Erde. Wir betrachten die Pflanzenwelt irgendeines Territoriums; selbst wenn wir Botaniker sind, bleibt unsere empirische Kenntnis der Pflanzenwelt gegenüber der totalen Pflanzenwelt der Erde immer etwas sehr Partielles. Aber das weiß man auch durch unmittelbare Anschauung. Man sagt sich: Da hast du kein Ganzes, da hast du etwas, das nur Teil einer Totalität ist, was mit anderem zusammengehört. – Es ist etwa einer solchen Teilpflanzenwelt gegenüber der Eindruck der, wie man ihn bekommen würde, wenn man einem Menschen gegenübertritt, der durch irgend etwas ganz verdeckt ist mit Ausnahme eines einzigen Armes und einer Hand. Man würde da wissen, man hat da keine abgeschlossene Ganzheit vor sich, sondern etwas, was Teil eines Ganzen ist und seine Daseinsmöglichkeit überhaupt nur als ein Teil eines solchen Ganzen hat. Man bekommt dann aber auch noch die Vorstellung, daß man das Irdische überhaupt nicht so denken kann, wie es der Physiker, der Mineraloge oder der Geologe denkt, sondern man bekommt die Vorstellung, daß zum Erdensein geradeso hinzugehört dasjenige, was sich als Kräfte in der Pflanzenwelt auslebt, wie dasjenige, was sich im Geologischen oder Mineralogischen und so weiter auslebt. Nicht im Sinne einer vagen Analogie, sondern im Sinne eines wirklichen Durchschauens wird einem die Erde eine Art organischen Wesens. Allerdings ein organisches Wesen, welches durch seine verschiedenen Entwickelungsstadien das mineralische Reich aus sich herausgesondert und auf der anderen Seite das pflanzliche Reich differenziert hat.

Dasjenige, was ich Ihnen hier entwickle, das kann ja sehr leicht, wie es zum Beispiel bei Gustav Theodor Fechner der Fall ist, durch bloße Analogieschlüsse gewonnen werden. Auf solche bloßen Analogieschlüsse gibt aber die Geisteswissenschaft, die hier gemeint ist, gar nichts, sondern eben nur auf das unmittelbare Anschauen. Daher muß immer betont werden, daß vorangehen müsse dem Sprechen über so etwas wie zum Beispiel die Erde als Organismus das Sprechen über das imaginative Vorstellen, denn nur dem imaginativen Vorstellen, nicht dem kombinierenden Verstande mit seinen Analogien kann gegeben sein die Erde als ein Gesamtwesen.

Man eignet sich dabei aber auch noch etwas anderes an, und das ist etwas, was ich hier ausdrücklich erwähnen will, weil es eine sehr große methodologische Bedeutung hat, und weil ich vor allen Dingen darauf Rücksicht nehme, daß meine Worte für Studierende gesprochen sind. Es herrscht in den Auseinandersetzungen, die in der Gegenwart über das Gedankliche und auch über das sonstige seelische Erfassen der Welt gegeben werden, im Grunde eine große Unklarheit. So spricht man zum Beispiel davon, daß man einen Kristall betrachtet, sagen wir einen Salzwürfel, und man will an diesem Salzwürfel irgend etwas sich klarmachen, sagen wir etwas über seine Beziehung zum menschlichen Erkenntnisvermögen oder über seine Stellung innerhalb des Naturganzen und so weiter. So wie man ungefähr über diesen Salzwürfel spricht, so spricht man oftmals auch – ja man könnte sogar sagen, heute fast ausschließlich – zum Beispiel über eine Rose, und man hat dabei das Gefühl, man dürfe das objektive Sein dem Salzwürfel in derselben Weise zuschreiben wie der Rose. Und dennoch, derjenige, der mit seiner Erkenntnis nicht irgend etwas Formales anstrebt, sondern der mit seiner Erkenntnis hineinstrebt in die Wirklichkeit, der die Wirklichkeit wirklich ergreifen will, der muß sich das Folgende ganz klar vor Augen stellen. Er muß sich sagen: Der Salzwürfel hat einen Bestand innerhalb seiner Grenzen. Die Rose hat keinen Sinn innerhalb derjenigen Grenzen, in denen ich sie hier als Rose mit einem Stengel sehe. Denn als solche Rose kann sie sich nicht in demselben Grade – ich bitte das

Wort zu beachten – selbständig entwickeln wie der Salzwürfel. Sie muß am Rosenstock sich entwickeln, der Rosenstock gehört zu der Entwickelung dieser Rose dazu, und sie ist nicht ein wirkliches Ding außerhalb des Rosenstockes. Sie hat für mich im Grunde genommen, wenn ich sie als abgesonderte Rose ansehe, ein Scheindasein.

Das sage ich zur Verdeutlichung. Es soll nur soviel daraus hervorgehen, daß wir nötig haben, bei allen Beobachtungen, die wir machen, nicht irgendwie zu theoretisieren über die Beobachtungen, bevor wir das Beobachtete in seine entsprechende Totalität eingefaßt haben. Erst dem gesamten Rosenstock können wir ein Sein von selbständiger Art in demselben Sinne beilegen wie dem Salzwürfel. Wir dürfen also nicht etwa in erkenntnistheoretischer oder anderer Beziehung von der Rose ebenso sprechen wie von dem Salzwürfel. Die Wirklichkeit erleben zu wollen in einer gewissen Abgeschlossenheit, dafür erwirbt man sich einen starken Sinn, wenn man zum imaginativen Vorstellen aufrückt, und mit diesem Sinn ausgerüstet, muß man auch dann dasjenige hinnehmen, was ich eben jetzt gesagt habe mit Bezug auf die Pflanzenwelt. Die irdische Pflanzenwelt als ein Ganzes, sie ist in einem gewissen Sinne nur dann seinsgemäß vor uns gestellt, wenn wir sie mit dem Bewußtsein als ein Ganzes auffassen und wenn wir das Einzelne, was uns entgegentritt, die Gattungen und Arten der Pflanzenwelt gewissermaßen nur betrachten als Teil des ganzen Pflanzenorganismus, der die Erde bedeckt, besser gesagt, der aus der Erde herauswächst.

Also nicht nur ein Verständnis der Sinneswelt, sondern auch der äußeren Pflanzenwelt bekommt man durch das imaginative Vorstellen. Aber man bekommt auch bedeutsame innere Erkenntnisse. Ich möchte zunächst von diesen inneren Erkenntnissen so sprechen, daß ich Ihnen nur das Empirische davon mitteile. Wir sind in der Lage, als Menschen durch unsere gewöhnliche Erinnerung zurückzublicken auf dasjenige, was bis zu einem gewissen Jahre in unserer Kindheit sich abgespielt hat während unseres wachen Daseins, und wir können aus dem Strom unserer Erlebnisse durch die Erinnerungskraft das eine oder andere Ereignis in bildhafter Form heraufholen. Aber wir haben ein deutliches Bewußtsein davon, daß wir in diesem Heraufholen die Erinnerungskraft anstrengen müssen, daß wir die einzelnen Bilder heraufholen müssen aus dem zeitlich verlaufenden Strom. Wenn aber das imaginative Anschauen immer mehr und mehr ausgebildet wird, dann kommt man allmählich dazu, daß die Zeit gleichsam zum Raume wird. Die Sache stellt sich sehr allmählich ein, und man soll sich nicht vorstellen, daß die Ergebnisse von so etwas, wie das imaginative Anschauen es ist, auf einen Schlag kommen. Man braucht sich gar nicht vorzustellen, daß etwa die Aneignung der imaginativen Methode leichter ist als diejenige von Laboratoriumsmethoden oder diejenige der Klinik, der Sternwarte und so weiter. Das eine wie das andere braucht jahrelange Arbeit, das eine Gedankenarbeit, das andere seelische innere Arbeit. Aber als Erlebnis dieser seelischen inneren Arbeit ergibt sich dann, daß sich uns die einzelnen Ergebnisse zusammenschließen, daß wir gewissermaßen sehen, wie die Zeit, die wir als verlaufend überblicken, wenn wir aus dem Strom unserer Erlebnisse die eine oder die andere Erinnerung heraufholen, daß diese Zeit – annähernd wenigstens – wie zum Raume wird, daß sich zusammenschließt wie in einem bedeutsamen Erinnerungsbilde dasjenige, was wir in dem Leben nahezu von unserer Geburt an durchlebt haben. Es wird durch die Anstrengung des imaginativen Lebens diese Rückschau, die jetzt etwas anderes ist als eine bloße Rückerinnerung, in einzelnen Momenten vor unsere Seele hingestellt. Tatsächlich liegt zunächst dieses Subjektive vor, daß wir eine Rückschau auf unser bisheriges Erdenleben bekommen. Das ist, wie gesagt, ein empirisches Ergebnis des imaginativen Vorstellens.

Welches innere Erlebnis oder, ich möchte besser sagen, welche innere Erlebnisart stellt sich nun parallel diesem Anschauen, diesem Panorama unserer Erlebnisse ein? Es stellt sich dasjenige ein, daß wir zwar diese Erlebnisbilder als Bilder vor uns haben, daß wir uns aber doch ganz klar sind darüber: Die Kraft unserer Seele, welche uns diese Erinnerungsbilder eben vor das Bewußtsein stellt, die ist durchaus verwandt mit der gewöhnlichen hellen und klaren Verstandeskraft. Sie ist nicht selbst die Verstandeskraft, aber sie ist verwandt mit dieser hellen und klaren Verstandeskraft. Man kann durchaus sagen: Das, was man angestrebt hat, daß man in allen Verhältnissen bei diesem imaginativen Vorstellen das Bewußtsein so durchhellt, wie es sonst im Mathematisieren ist, das bleibt einem, wenn man zu diesen Erinnerungsbildern kommt. Man hat Bilder, aber man hält sie so fest, wie man sonst die Inhalte des Verstandes festhält. Dadurch aber bekommt man in einer ganz bestimmten Art eine Anschauung von dem Verstandeswirken selber, man bekommt eine Anschauung von der Bedeutung dieses Verstandeswirkens für den Menschen und seine Selbsterkenntnis. Man blickt nämlich nicht nur auf sein Leben zurück, sondern dieses Leben, das sich einem da wie durch ein Spiegelbild darstellt, zeigt sich einem so, daß man wirklich den Vergleich mit einem Spiegel gebrauchen kann. Wie man bei einem Spiegel davon spricht, daß die sich spiegelnden Gegenstände in ihren Spiegelbildern begriffen werden können dadurch, daß man optische Gesetze anwendet zu diesem Begreifen, so lernt man, indem man zu solchen inneren Anschauungen kommt, das Wirken jener Seelenkraft erkennen, die da so erlebt wird wie sonst der Verstand. Man erlebt gewissermaßen den gesteigerten Verstand, einen Verstand, der nicht nur in abstrakten Bildern schaffen kann, sondern der zustande bringt diese sehr konkret sich ausnehmenden Bilder unserer Erlebnisse.

Allerdings eines tritt ein, das zunächst eine Art subjektiver Schwierigkeit bildet, die aber nur verstanden zu werden braucht, damit man sich in der richtigen Weise hineinfindet. Indem man in diesen Bildern lebt, lebt man schon in ihnen wie in völliger mathematischer Klarheit, aber die Empfindung des freien Seins – nicht des freien Sich-Verhaltens, aber des freien Seins –, wie man sie hat in der Verstandestätigkeit, die hat man bei dieser Art des Imaginierens dann nicht mehr. Sie müssen mich nicht mißverstehen: Die ganze Tätigkeit des Imaginierens, sie verläuft schon durchaus in einer ebenso willkürlichen Weise wie die gewöhnliche Verstandestätigkeit, aber die Sache ist doch so, daß bei der Verstandestätigkeit man immer das subjektive Erlebnis hat – ich sage Erlebnis, weil es mehr ist als eine bloße Empfindung –: Du schwimmst eigentlich im Bilde, du schwimmst in irgend etwas, was der Außenwelt gegenüber eigentlich ein Nichts ist. Dieses Gefühl, dieses Erlebnis hat man nun nicht gegenüber dem Inhalte der imaginativen Welt, sondern man hat durchaus das Erlebnis, daß dasjenige, was man da produziert als Imaginationen, zu gleicher Zeit *da* ist, daß man in etwas Daseinendem drinnen lebt, daß man also lebt und webt in einer Realität, allerdings in einer Realität zunächst, die einen nicht außerordentlich, ich möchte sagen, stark festhält, aber deren Festhalten eben schon durchaus empfunden werden kann.

Und durch dasjenige, was man nun da, ich möchte sagen, aus der Realität herausschält, was man sich innerlich gegenwärtig macht, indem man zurückreflektiert von dem Lebenspanorama zu der inneren Tätigkeit, welche dieses Lebenspanorama schafft, lernt man wiederum innerlich mathematisch kennen dasjenige, was man jetzt wiederum zur Deckung bringen kann – wie man sonst die mathematischen Vorstellungen mit der äußeren mineralisch-physischen Wirklichkeit zur Deckung bringen kann – mit demjenigen, was in der Bildekraft des Menschen – auch in der Bildekraft anderer Wesen, davon will ich jetzt nicht sprechen –, was in der Wachstumskraft des Menschen enthalten ist. Man bekommt eine Vorstellung von einer gewissen inneren Verwandtschaft desjenigen, was im Imaginieren rein seelisch lebt, denn es ist ein rein seelisches Erlebnis, und demjenigen, was den Menschen durchwebt als seine Wachstumskraft, was ihn heranwachsen läßt vom Kinde zum erwachsenen Menschen, was seine Glieder größer werden läßt, was ihn innerlich als Wachstumskraft durchorganisiert. Kurz, man bekommt dadurch eine unmittelbare Erkenntnis von dem, was als reales Wachstumsprinzip im Menschen wirkt. Und zwar bekommt man die Einsicht zunächst auf einem ganz bestimmten Gebiet, nämlich auf dem Gebiet des Nervenwesens. Dadurch, daß man das Lebenspanorama hat mit demjenigen, was man in der geschilderten Weise daran erlebt, dadurch sieht man dasjenige zunächst ein – von dem anderen werde ich später sprechen –, was als Wachstumsprinzip im Nervenorganismus des Menschen ist, der ja den Sinnesorganismus nach innen fortsetzt. Und man bekommt die Vorstellung: In deinen Sinnesorganen hast du etwas gegeben, was du zunächst durch die Imagination etwas durchschauen kannst. Das enthält aber jetzt auch die Möglichkeit, den ganzen Nervenorganismus so zu überblicken wie ein werdendes, ich möchte sagen, synthetisches Sinnesorgan, welches die übrigen Sinnesorgane eben synthetisch umfaßt. Man lernt erkennen, daß unsere Sinne mit unserem Geborenwerden nicht in ihrem vollen Wachstumsergebnis, wohl aber in ihren inneren Kräften etwas Abgeschlossenes sind – das geht ja hervor aus der Art, wie ich gesprochen habe über die Stellung der Imagination zur Sinneswelt –, daß aber dasjenige, was in unserem Nervenorganismus lebt, durch dieselbe Kraft wie die Sinnesorgane durchsetzt ist, aber ein Werdendes ist, ein werdendes großes Sinnesorgan. Man bekommt eben die Vorstellung als eine reale Anschauung, daß wir die einzelnen Sinne haben nach außen sich öffnend und nach innen sich fortsetzend in dem Nervenorganismus, so daß während unseres Lebens noch bis zu einem gewissen Lebensalter dieser Nervenorganismus von der Kraft organisiert wird, die wir in der Imagination auf die charakterisierte Weise kennengelernt haben.

Sie sehen, was da eigentlich angestrebt wird. Es wird angestrebt, daß dasjenige, was einem am Menschen selbst eigentlich wie geistig undurchsichtig entgegentritt – was weiß denn der Mensch eigentlich von sich, was weiß er, wie die Kräfte in seinem eigenen Inneren wirken? –, allmählich durchsichtig werde. Dasjenige, was man ein geistig-seelisch Undurchsichtiges nennen kann, ein von der gewöhnlichen Erkenntnis nicht zu Bewältigendes, das beginnt geistig-seelisch durchsichtig zu werden. Man bekommt eine Möglichkeit, mit einer höheren, qualitativen Mathematik, wenn ich mich des Ausdrucks bedienen darf, zunächst die Welt der Sinne und dann die Welt unseres Nervenorganismus zu durchdringen. Und man beginnt jetzt, wenn man zu diesen Dingen kommt, nicht etwa hochmütig und unbescheiden zu werden, sondern man fängt jetzt erst eigentlich an, gerade gegenüber dem Erkennen des Menschen so recht bescheiden zu werden. Denn dasjenige, was ich Ihnen hier in verhältnismäßig wenigen Worten geschildert habe, das eignet man sich eigentlich im Laufe einer sehr langen Zeit an, und obzwar es bei dem einen früher, bei dem anderen später auftritt, wenn er wirklich die Methode der Geistesforschung auf sich anwenden will, so darf man doch sagen: Gewiß, einem dann außerordentlich fundamental und wichtig erscheinende Ergebnisse, sie überraschen einen oftmals erst, nachdem man innerlich jahrelang an sich gearbeitet hat. Dasjenige, was durch solche innerliche Arbeit zutage tritt, wenn es einigermaßen zutreffend geschildert wird, es kann dem gesunden Menschenverstand durchaus immer begreiflich erscheinen.

Aber das Daraufkommen, das Heraufholen solcher Ergebnisse aus den Untergründen des Seelendaseins, das ist etwas, was eben doch einer ausdauernden und energischen inneren Seelenarbeit bedarf. Und namentlich lernt man nun bescheiden werden, weil man kennenlernt, wie man sich erst Stück für Stück durcharbeiten muß zu einer relativen menschlichen Selbsterkenntnis. Denn durch das, was man so in der imaginativen Vorstellung sich erringt, sieht man ganz genau: Du lernst eigentlich dadurch nur kennen den Nerven-Sinnesorganismus des Menschen, und du kannst jetzt im Grunde genommen erst ermessen, in welchem Dunkel vor dir steht dasjenige, was sonst der menschlichen Organisation eingegliedert ist.

Dann aber handelt es sich darum, eine höhere Stufe – das Wort «höhere» ist ja nur ein Terminus – in übersinnlicher Erkenntnis zu erringen, um eben etwas weiterzukommen als bis zum bloßen Selbsterkennen bezüglich des Nerven-Sinnessystems. Da aber muß ich zunächst darauf hinweisen, daß – ich werde es noch genauer schildern – das Erringen der imaginativen Erkenntnis im wesentlichen darauf beruht, daß man immer wieder und wiederum in einer nicht konfusen, sondern methodisch-technisch geführten Meditation, wie ich in meinem Buche «Wie erlangt man Erkenntnisse der höheren Welten?» den Ausdruck gewählt habe, leicht überschaubare Vorstellungen sich vor die Seele hinstellt. Wesentlich ist, daß sie leicht überschaubar sind, nicht irgendwelche Erinnerungen, Reminiszenzen und so weiter – dadurch würde man verleitet sein, eben das mathematische Erleben zu stark in den Hintergrund zurückzudrängen –, also leicht überschaubare Vorstellungen, am besten, weil diese am leichtesten überschaubar sind, symbolische Vorstellungen. Es kommt darauf an, was wir mit diesen Vorstellungen seelisch erleben. Diese Vorstellungen suchen wir so in unser Bewußtsein hereinzustellen, daß das Anwesendsein im Bewußtsein nach Art einer sonstigen Erinnerungsvorstellung da ist. Also selbstgemachte Vorstellungen werden durch willkürliche Tätigkeit so in die menschliche Seele hereingenommen, wie sonst Erinnerungsvorstellungen drinnen stehen. Man ahmt in einer gewissen Weise durchaus dasjenige nach, was im Erinnern geschieht. Im Erinnern werden gewisse Erlebnisse in Bildern dauernd gemacht. Hinter diese Tätigkeit der menschlichen Seele sucht man zu kommen, wie, das werde ich noch darstellen. Indem man dahinter zu kommen sucht, wie das Erinnern sich vollzieht, wird man dann auch in den Stand kommen, willkürlich solche leicht überschaubaren Vorstellungen ganz nach dem Muster der erinnerten Vorstellungen durch eine gewisse Zeit hindurch – man gewöhnt sich immer mehr und mehr, diese Zeit sogar von wenigen Sekunden bis zu Minuten herauf auszudehnen –, durch eine verhältnismäßig also längere Zeit im Bewußtsein festzuhalten. Nicht auf diese Vorstellungen kommt es an, sondern darauf kommt es an, daß an diesem Vorstellen solcher selbstgewählten Vorstellungen eine gewisse innere Seelenkraft sich entwickelt. Geradeso wie wenn ich die Muskeln meines Armes anstrenge, sich diese Muskeln entwickeln durch die Anstrengung, so verstärken sich gewisse Seelenkräfte, wenn sie es zu tun haben mit solchen Vorstellungen, wie ich sie geschildert habe, die immer wieder und wiederum willkürlich in das Bewußtsein gerückt werden. Die Seele muß sich anstrengen, um diesen Prozeß herbeizuführen und festzuhalten, und auf diese Anstrengung im seelischen Erleben kommt es an. Und indem wir uns so üben an den selbstgemachten Vorstellungen, tritt eben etwas in uns auf, was die Kraft der Imagination ist, die also nach dem Muster der Erinnerungskraft entwickelt wird, die aber doch nicht zu verwechseln ist mit dieser Erinnerungskraft. Denn wir werden noch zu schildern haben, wie das, was wir in den Imaginationen auffassen – wir haben es zum Teil ja schon geschildert –, eben durchaus reale äußere Dinge sind, nicht etwa wie in den Erinnerungsvorstellungen unsere bloßen eigenen Erlebnisse. Das ist der Unterschied im Grunde zwischen den Imaginationen und den Erinnerungsvorstellungen, daß die Erinnerungsvorstellungen nur im Bilde wiedergeben unsere eigenen Erlebnisse, daß aber die Imaginationen, trotzdem sie zunächst wie Erinnerungsvorstellungen auftreten, durch ihren eigenen Inhalt klarmachen, daß sie sich nicht beziehen auf unsere eigenen Erlebnisse bloß, sondern daß sie sich beziehen können wenigstens auf uns gegenüber durchaus objektive Tatsachen der Welt.

Sie sehen also, durch ein Weiterbilden des Erinnerungsvermögens bilden wir die imaginative Kraft der Seele. Nun kann man geradeso, wie man weiterbildet die Kraft der Erinnerung, eine andere Kraft weiterbilden. Fast wird es Ihnen komisch erscheinen, wenn ich Ihnen diese Kraft nenne. Und dennoch, die Weiterbildung dieser Kraft, sie ist schwieriger als diejenige der Erinnerungskraft. Im gewöhnlichen Leben sorgen ja manche Mächte dafür, daß wir nicht nur erinnern – namentlich die verehrten Kommilitonen werden mir das zugeben –, sondern auch vergessen, und wir brauchen uns zuweilen gar nicht besonders anzustrengen, um vergessen zu können. Das ändert sich etwas, wenn wir die weitergebildete Erinnerungskraft in der Meditation ausbilden. Denn merkwürdigerweise führt diese Kraft des Festhaltens gewisser Imaginationen dazu, daß diese Imaginationen zunächst bleiben wollen. Sie sind, wenn sie auftreten im Bewußtsein, nicht ohne weiteres leicht wiederum fortzuschaffen, sie machen sich geltend. Das hängt damit zusammen, was ich vorhin charakterisiert habe, daß wir es mit einem Stehen in einer Realität eigentlich zu tun haben. Diese Realität macht sich darin geltend, daß sie auch bleibend sein will. Nun, hat man es dazu gebracht – aber in einer dem mathematischen Vorstellen nachgebildeten Weise –, die imaginative Kraft auszubilden, dann bringt man es durch eine weitere Anstrengung auch dazu, diese Vorstellungen ebenso willkürlich, wie man sie gebildet hat, wiederum aus dem Bewußtsein herauszuwerfen. Und diese Kraft des fortgebildeten Vergessens, sie muß ganz besonders gepflegt werden. Es handelt sich durchaus darum, daß, wenn diese inneren Erkenntniskräfte ausgebildet werden sollen, man wirklich auch alles Nötige anwendet, um nicht innerhalb der Seele gerade Unheil anzurichten. Aber derjenige, der dabei nur auf gewisse Gefahren hinweisen würde, der gliche demjenigen, der verbieten würde, im Laboratorium gewisse Versuche zu machen, weil dabei auch das oder jenes einmal explodieren könnte. Sehen Sie, ich selbst habe an der Hochschule einen Chemieprofessor gehabt, der einäugig war, weil er bei einem Experiment das eine Auge verloren hatte. Solche Dinge sind natürlich kein Einwand gegen die Notwendigkeit der Ausbildung gewisser Methoden, und ich darf wohl sagen, wenn alle die Vorsichtsmaßregeln, die ich in meinen Büchern geschildert habe mit Bezug auf dieses innere Ausbilden der Seelenkräfte, angewendet werden, daß dann durchaus Gefahren für das Seelenleben ganz gewiß nicht eintreten können. Es liegt eben, wenn man nicht auch die Methoden des Wiederloswerdens der Vorstellungen entwickelt, die Gefahr vor, daß man schon in einer gewissen Weise gegängelt wird von demjenigen, was man durch seine Meditationen herbeigeführt hat. Aber das darf ja erstens nicht geschehen, und zweitens würde es einen, wenn es geschähe, auf dem Wege der übersinnlichen Erkenntnis nicht weiterkommen lassen. Denn es ist zu gleicher Zeit eine weitere Etappe, daß diese Fortführung des Vergessens ausgebildet wird.

Nun gibt es eine gewisse Hilfe, welche man anwenden kann, um diese Fortführung der Vergessenskraft wirklich leisten zu können. Da komme ich auf etwas, was vielleicht gerade denjenigen, die in irgendeiner Richtung heutiger moderner Erkenntnistheorie drinnenstecken, als etwas ganz Dilettantisches erscheinen wird. Ich kenne alle die Einwände, die gegen solche Dinge gemacht werden können, aber ich bin auch verpflichtet, die Tatsachen zu schildern, wie sie eben sind. Und so muß ich denn sagen, daß man sich in der Erkraftung des Vergessens zu Hilfe kommen kann, wenn man weiterbildet durch eine gewisse Selbstzucht, Zucht des eigenen Selbst, dasjenige, was im gewöhnlichen Leben auftritt als die Fähigkeit der Liebe. Ganz gewiß kann man sagen: Liebe ist ja keine Erkenntniskraft. – So wie man die Erkenntnis heute auffaßt, so ist sie es vielleicht auch nicht. Aber es handelt sich auch nicht darum, die Liebekraft so beizubehalten, wie sie im gewöhnlichen Leben für dieses gewöhnliche Leben auftritt, sondern darum, diese Liebekraft weiterzubilden, durch eine gewisse Selbstzucht. Und man kann das erreichen dadurch, daß man folgendes beachtet.

Nicht wahr, wenn man so als Mensch lebt sein Leben hindurch, so muß man sich ja gestehen, daß man eigentlich mit jedem Jahr doch ein bißchen ein anderer geworden ist, und vergleicht man dasjenige, was man ist in einem gewissen Lebensalter, mit demjenigen, was man war vielleicht vor zehn Jahren, so wird man schon finden, wenn man nur etwas ehrlich zu Werke geht mit dieser Selbstbeobachtung, daß man im Inhalte seines Seelenlebens, auch in demjenigen, der nicht bloß konturierter Gedanken- oder Empfindungs- oder auch Willensinhalt ist, sondern in demjenigen, was, ich möchte sagen, der Duktus, die ganze Verfassung des Seelenlebens ist, daß sich in dem manches im Laufe der Zeit geändert hat. Man ist innerlich ein anderer geworden, und man kann ja, wenn man auf die Faktoren hinsehen will, durch die man innerlich ein anderer geworden ist, sich sagen: Erstens ist es das, was mit unserem physischen Organismus geschehen ist, der wird ja immer ein anderer. Er wird in der ersten Lebenshälfte ein anderer durch das fortschreitende Wachstum, er wird in der zweiten Lebenshälfte immer ein anderer durch das rückschreitende Bilden und so weiter. Aber auch die äußeren Erlebnisse, dasjenige, was einem entgegentritt erstens als Vorstellungswelt, dann aber auch als dasjenige, was Schmerzen, Leiden, Lust und Freude auf unsere Seele ablagert, dasjenige, was wir versucht haben, als Willenskräfte zu entwickeln und auszuleben, das ist es ja, was uns im Lauf des Lebens immer wieder und wiederum zu einem anderen macht. Und wenn man ehrlich sich gestehen will, was da vorliegt, so muß man sich sagen: Nun ja, man schwimmt eigentlich so dahin im Strome des Lebens. – Derjenige, der Geistesforscher werden will, der muß nun in der Tat auch diese seine Selbstentwickelung durch eine gewisse Selbstzucht in die Hand nehmen. Er muß schon auch das in sich ausbilden, daß er sich vorsetzt, in einer gewissen Zeit diese oder jene Gewohnheit – kleine Gewohnheiten sind da manchmal von ausschlaggebender Bedeutung – durch eigene Arbeit umzugestalten, so daß man sich im Laufe des Lebens metamorphosiert. Nicht nur durch den Strom des Lebens selbst, sondern durch dasjenige, was man mit vollem Bewußtsein an sich selbst tut, kann man dann von irgendeinem Punkt des Lebens mit Hilfe der ja schon vorher entwickelten Rückschau des Lebenspanoramas zurückschauen auf dasjenige, was sich verändert hat im Leben durch diese eigene Selbstzucht. Dann wirkt das in merkwürdiger Weise auf das eigene Seelenleben zurück. Es wirkt dieses zurück nicht etwa im Sinne einer Erhöhung des Egoismus, sondern im Gegenteil, im Sinne der Erhöhung der Liebekraft des Menschen. Man wird immer fähiger und fähiger, mit einer gewissen Liebe die Außenwelt zu umfassen, in die Außenwelt sich zu vertiefen. Und darüber urteilen, was das heißt, kann eigentlich nur derjenige, der in solcher Selbstzucht Anstrengungen gemacht hat. Er kann nur wirklich bemessen, was es bedeutet, die Verstandesvorstellungen, die man sich bildet über irgendeinen Vorgang oder über irgendein Ding, begleitet sein zu lassen von den Ergebnissen solcher Selbstzucht. Man dringt ein mit einem viel stärkeren persönlichen Anteil in dasjenige, in das unsere Vorstellungen untertauchen, man dringt sogar in die einen mit den Ergebnissen der Mathematik sonst gleichgültig lassende physisch-mineralische Welt in einer gewissen Liebeentfaltung ein, und man merkt deutlich den Unterschied zwischen dem Eindringen mit dem bloßen blassen Vorstellen und dem Eindringen mit der entwickelten Liebekraft.

Sie werden nur dann Anstoß nehmen an demjenigen, was ich hier über diese entwickelte Liebekraft sage, wenn Sie etwa von vornherein das Dogma aufstellen wollen: Diese Liebekraft darf nicht sein bei dem Eindringen in die Außenwelt. – Ja, solch ein Dogma kann man aufstellen. Man kann sagen, richtige objektive Erkenntnis sei nur diejenige, die im bloßen logischen Vorstellen errungen wird. Gewiß, man braucht auch durchaus diejenige Fähigkeit, die mit Ausschluß jeder anderen Kraft sich durch den bloßen nüchternen Verstand hineinversetzen kann in das Geschehen der äußeren Welt. Aber ihr Ganzes gibt uns diese äußere Welt nicht, wenn wir ihr in dieser Weise beikommen wollen, sondern ihr Ganzes gibt uns die Welt erst dann, wenn wir ihr mit einer die Vorstellungen verstärkenden Liebekraft beikommen. Und es kommt ja nicht darauf an, daß wir unsere Erkenntnis kommandieren, daß wir sagen, die Natur muß sich uns durch diese oder jene Kräfte erschließen, daß wir gewissermaßen erkenntnistheoretische Dogmen aufstellen, sondern darauf kommt es an, zu fragen: Wie erschließt sich uns die Natur? Wie ergibt sie sich uns? – Sie ergibt sich uns nur, wenn wir die Vorstellungskräfte von Liebekräften durchdrungen sein lassen.

Aber zunächst spreche ich nur davon, daß man versucht, die Übungen des Vergessens mit einer größeren Kraft und sicherer ausbilden zu können *mit* der Liebekraft als ohne sie. Indem man zu gleicher Zeit diese Selbstzucht, die einen liebefähiger macht, ausbildet, gelangt man dazu, tatsächlich mit einer ebenso starken Willkür das erweiterte, das verstärkte Vergessen in sich erleben zu können wie das weiterentwickelte, das verstärkte Erinnern. Und indem man so etwas ganz Bestimmtes, Positives innerlich seelisch an die Stelle zu setzen vermag, welche sonst im Grunde genommen das Ende unseres Erlebens ist – denn wenn wir etwas vergessen haben, so ist in bezug auf eine gewisse

Erlebnisreihe dieses Vergessen das Ende –, indem wir so an die Stelle einer Null gleichsam das Positive der ausgebildeten Vergessenskraft setzen, wo wir aktiv etwas ausbilden, was sonst passiv verläuft, wenn wir dazu gekommen sind, dann ist es, wie wenn wir innerlich in uns einen Abgrund übersetzt hätten, wie wenn wir tatsächlich eingedrungen wären in eine Region des Erlebens, durch die uns ein neues Dasein zufließt. Und so ist es auch. Wir haben bis dahin gehabt unsere Imaginationen. Wenn wir wirklich mit mathematischer Seelenverfassung ausgerüstete Menschen sind innerhalb dieser Imaginationen und nicht Narren, dann werden wir klar durchschauen: In der imaginativen Welt haben wir Bilder. Die Physiologie mag streiten darüber, ob dasjenige, was uns durch unsere Sinne vermittelt wird, als Bilder gegeben ist derart, wie man es meint – ich habe es in meinen «Rätseln der Philosophie» dargestellt –, ob das Bilder sind oder eine Realität. Daß das zunächst Bilder sind, die wohl auf eine Realität hinweisen, aber Bilder sind, das weiß man, und gerade darauf beruht das gesunde Erleben in einer solchen Region, daß man zunächst weiß, man hat es mit Bildern zu tun. In dem Augenblick aber, wo ein gewisses Ergebnis der verstärkten Vergessenskraft eintritt, da füllen sich diese Bilder gewissermaßen von der anderen Seite des Lebens aus mit demjenigen, was geistige Realität ist, und da wächst man zusammen mit der geistigen Realität. Man nimmt da sozusagen an dem anderen Ende des Lebens wahr. So wie man wahrnimmt durch die Sinne an dem einen Ende des Lebens, namentlich am physisch-sinnlichen, so lernt man nach der anderen Seite hinschauen und lernt erkennen, wie einfließt in die Bilder des imaginativen Lebens eine geistige Realität. Dieses Einfließen einer geistigen Realität, dieses, ich möchte sagen, am Abgrund des Seelendaseins Einfließen einer geistigen Realität in dasjenige, was wir gut vorbereitet haben innerhalb unserer Erkenntniskräfte, das habe ich in meinem Buche «Wie erlangt man Erkenntnisse der höheren Welten?» und in anderen Büchern Inspiration genannt. Man braucht sich nicht an dem Ausdruck zu stoßen, man muß sich nur an dasjenige halten, was zur Charakteristik solcher Worte gegeben ist. Man soll nicht Reminiszenzen aufklauben, wo sich dieses Wort auch findet. Wir müssen ja Worte haben für das, was wir vorbringen wollen, und wir müssen da oft ältere Worte wählen, und ich habe für dasjenige, was sich so darstellt, wie ich es eben geschildert habe, das Wort Inspiration gewählt.

Dasjenige, was ich so geschildert habe als das Erringen der Inspiration, das erst führt uns dahin, eine Erkenntnis zu gewinnen von demjenigen, was ich genannt habe das rhythmische System im menschlichen Organismus, das in einer gewissen Weise verbunden ist mit der Welt des Fühlens. Und da kommen wir dazu, ausdrücklich betonen zu müssen, daß diese Methode zur Inspiration, wie ich sie eben geschildert habe, eigentlich nur von dem modernen Menschen so ausgebildet werden kann. In älteren Phasen der Menschheitsentwickelung wurde sie mehr instinktiv ausgebildet, und wir finden eine solche Ausbildung im indischen Jogasystem, das nicht erneuert werden kann. Es ist unhistorisch und im geisteswissenschaftlichen Sinn so furchtbar dilettantisch, wenn man das alte Jogasystem wiederum erneuern will. Das geht zu Werke mit gewissen menschlichen Kräften, die eben nur einem früheren Entwickelungszustand des Menschen angemessen waren. Es geht zu Werke unmittelbar mit der Entwickelung gewisser rhythmischer Prozesse, mit der Entwickelung methodisch zugerichteter Atmungsprozesse. Indem der Jogi in bestimmter Weise atmet, will er ausbilden mehr durch das Physisch-Körperliche dasjenige, was der moderne Mensch durch das Seelisch-Geistige ausbilden muß, wie ich es geschildert habe. Dennoch können wir sagen, daß die instinktive Inspiration, die wir finden als durchziehend die Vedantaphilosophie oder dergleichen, für eine frühere Stufe der Menschheitsentwickelung etwas ähnliches war wie dasjenige, was wir wieder erreichen durch die vollbewußte Inspiration, die aber den Weg wählen muß durch dasjenige, was ich geschildert habe.

Wir gelangen gewissermaßen als moderne Menschen dazu, von oben herunter durch rein geistig-seelische Übungen in uns die Kraft auszubilden, die sich dann hineinlebt als Kraft der Inspiration in die rhythmische Organisation des Menschen, wie der Inder sich unmittelbar einleben wollte durch das Jogaatmen in diese rhythmische Organisation des Menschen. Er ging von Physischem aus, wir gehen von Geistig-Seelischem aus. Beides bezweckt, den Menschen zu erfassen in seinem mittleren System, in dem rhythmischen System, und wir werden sehen, wie tatsächlich dasjenige, was uns entgegentritt im imaginativen Erkennen als ein Erfassen des Sinnessystems und des Nervensystems, wiederum ein Stück ergänzt werden kann, wenn wir durchdringen vom Gesichtspunkt der Inspiration aus das rhythmische System. Und wir werden sehen können zu gleicher Zeit, wie aufleben müssen alte instinktive, mehr kindliche Arten der höheren Erkenntnis, wie sie da waren im indischen Jogasystem, wie die aufleben müssen im vollen, freibewußten Menschen.

Über diese Beziehung des Ausbildens des rhythmischen Systems durch die vorzeitliche Jogaphilosophie zu dem, was sich namentlich heute ergibt durch innere seelisch-geistige Arbeit bis zur Inspiration hin, werde ich mir dann erlauben, das nächste Mal zu sprechen.

FÜNFTER VORTRAG

Stuttgart, 21. März 1921

Ich habe versucht zu zeigen, wie man aufsteigt zu übersinnlichen Erkenntnisarten und wie man sich durch diese übersinnlichen Erkenntnisarten in einer gewissen Beziehung dasjenige erschließt, was sich diesen übersinnlichen Erkenntnisarten allein erst vollständig eben ergibt. Ich habe gezeigt, wie man imaginative Erkenntnis ausbilden kann und mit Hilfe dieser imaginativen Erkenntnis auf der einen Seite zunächst dasjenige verstehen kann, was im Sinnesprozeß des Menschen vor sich geht, wie man aber auch durch diese imaginative Erkenntnisart erst sich so einleben lernt in das Wesen des Vegetabilischen, der Pflanzenwelt der Erde als eines Ganzen, wie man sich sonst durch das Mathematische in die physikalisch-mineralischen Erscheinungen der Welt einleben lernt. Und ich habe dann darauf aufmerksam gemacht, daß man durch eine gewisse Art der Fortsetzung dieser Übungen zu höherer Erkenntnis, von dem imaginativen Vorstellen zum inspirierten Vorstellen kommen kann, und daß sich dadurch ein besonderes inneres Erleben erschließt, welches nun sich verstehend verhalten kann zu dem, was ich das rhythmische System im Menschen nenne.

Ich möchte das ganze Problem noch einmal von der folgenden Seite aus etwas charakterisieren. Wer versucht, in dasjenige, was das rhythmische Verhalten des Menschen umschließt, sich einzuleben, der wird gerade dann, wenn er ehrlich und gegenüber sich selbst aufrichtig zu Werke geht, sehen, daß sich einfach die Prozesse, die sich da abspielen, nicht begreifen lassen etwa in derselben Art wie die physikalischen Prozesse durch das mathematische Verstehen, daß sie sich aber auch nicht begreifen lassen durch dasjenige, was ich genannt habe das imaginative Vorstellen. Denn alles das, was im Sinnessystem liegt, was dann entwickelt wird, so wie ich es das letzte Mal dargestellt habe, im Nervensystem im Verlauf des Lebens, wodurch auch bei entwickeltem, imaginativem Erkennen das Lebenspanorama zustande kommt, alles das macht doch im Grunde genommen nur eben die Sinnesorganisation und die Nervenorganisation klar.

Die Sinnesorganisation, man kann sie in der Tat verstehen, wenn man das imaginative Vorstellen innehat. Es ist ja von der äußeren Naturwissenschaft schon bemerkt worden, daß irgendein Sinn eigentlich nicht zu begreifen ist, wenn man ihn so erklären will, daß man ihn aus der menschlichen oder überhaupt aus der Organisation heraus begreifen will. Sie werden finden, wenn Sie dasjenige studieren, was mit Bezug auf dieses Problem von einzelnen Forschern gesagt ist, daß man durchaus durch die Tatsachen darauf hingewiesen worden ist, sowohl durch die Tatsachen der äußeren Phylogenie wie auch durch die Tatsachen der Embryologie, der Ontogenie, daß man eigentlich begreifen müsse zum Beispiel so etwas wie das Auge als eine Bildung von außen, so daß die Morphologie, die Gestaltung des Auges nicht etwa in demselben Sinn aus dem menschlichen Organismus begriffen werden kann wie, sagen wir, die Morphologie, die Form der Leber oder des Magens, sondern begriffen werden muß als entstanden durch Einwirkung, durch Einflüsse von außen. Aber dasjenige, was dann dieses von außen her kommende Einbilden in den menschlichen Organismus oder in den Organismus überhaupt so begreiflich macht wie das Mathematische die physikalischen Tatsachen, das ist das imaginative Erkennen.

Aus diesen Erwägungen heraus werden Sie es jetzt auch begreiflich finden, daß wir im Grunde genommen in der äußeren Wissenschaft nur eine mangelhafte Physiologie der Sinne haben. Mir widerstrebte es immer, bevor ich ausbilden konnte diese durch das imaginative Erkennen zu erlangende Sinnesphysiologie, irgendwie die Welt der menschlichen Sinne so durchmessen zu wollen, wie es in unseren gewöhnlichen Physiologien und auch in den Psychologien geschieht. Ich habe immer gefunden, daß eigentlich dasjenige, was unsere Physiologien und Psychologien aufbringen, um die Sinne zu erklären, im Grunde eigentlich nur ganz unvollkommenerweise angewendet wird zum Beispiel auf den Gehörsinn oder den Gesichtssinn. Namentlich die psychologischen Erwägungen sind in dieser Richtung mangelhaft. Man redet eigentlich immer davon: Wie ist der Sinn des Menschen überhaupt im allgemeinen konstruiert? – Man spezialisiert dann etwas, nachdem man im allgemeinen die Charakteristik des Sinnes gegeben hat, für die einzelnen Sinne. Aber man kommt nicht darauf, daß eigentlich dasjenige, was da gewöhnlich gesagt wird, namentlich in unseren Psychologien, so ganz prägnant nur anwendbar auf den Tastsinn ist, nicht auf irgendeinen anderen Sinn. Immer stimmt etwas nicht von den Theorien, wenn man, vom Tastsinn abgesehen, diese Theorien auf einen anderen Sinn ohne weiteres anwenden will. Das ist dann sofort begreiflich, wenn man weiß, daß ja diese Sinnesphysiologien und Sinnespsychologien nur den gewöhnlichen logischen Verstand gebrauchen, um die Tatsachen, die sich der äußeren empirischen Forschung ergeben, zusammenzufassen. Aber für den, der dann wirklich genau zu Werke geht, zeigt sich, daß es eben nicht möglich ist, daß man mit diesem logischen Zusammenfassen der Tatsachen des Sinnenlebens zurechtkommt. Erst wenn man versucht, in imaginativer Erkenntnis aufzufassen jeden einzelnen Sinn – und ich war dadurch genötigt, die Zahl der Sinne, weil ich so auffassen mußte, auf zwölf zu erweitern –, wenn man jeden einzelnen Sinn auffaßt so, daß man nicht bloß verstandesmäßig, sondern imaginativ auffassen will, dann kommt man zu der individuellen Ausgestaltung jedes einzelnen Sinnes. Man begreift dann, wie jeder einzelne Sinn in sich aus gewissen Entitäten, aus gewissen Qualitäten der Außenwelt hereinkonstruiert ist in den Menschen. Man ist da an einer Stelle, an welcher sich zeigt, wie – allerdings für den, der die Dinge sehen will – der Übergang stattfindet, die Brücke geschlagen wird von dem, was ich hier hellseherische Forschung genannt habe, zu dem, was in der äußeren empirischen Beobachtung gegeben ist.

Man kann ja durchaus sagen, es sei für den gesunden Menschenverstand zunächst, wenn er eben nicht weiter als bis zu einem gewissen Gesichtspunkt kommen will, keine Veranlassung dafür vorhanden, sich auf die hellseherische Forschung einzulassen. Aber dagegen muß man sich doch eigentlich wenden: daß bei einer sorgfältigen, gewissenhaften Analyse und Durchprüfung der gegebenen Tatsachen man eben zu Rande komme, wenn man nur die gewöhnliche Sinnesbeobachtung und dann den gewöhnlichen, kombinierenden Verstand allein anwendet. – Man wird nicht fertig mit den Problemen. Sie lassen einen ungelösten Rest. Man muß daher diesen kombinierenden Verstand dann weiterbilden zum imaginativen Auffassen. Und ein Teil desjenigen, was da erst sich erschließt mit diesem imaginierenden

Auffassen, das ist die individuelle Gestaltung der einzelnen menschlichen Sinne, und es ist ferner dasjenige, was sich da erschließt, die allmähliche Bildung des menschlichen Nervensystems.

Aber noch etwas anderes liegt eben vor. Ich möchte mich durch eine kleine Erzählung auf diesem Gebiet begreiflich machen. Ich war einmal anwesend in einer Vereinigung, die sich dazumal Giordano Bruno-Vereinigung nannte, in welcher zunächst ein handfester materialistischer Denker die Physiologie des Gehirns auseinandersetzte und nun glaubte, indem er die Physiologie des Gehirns auseinandergesetzt habe, hätte er auch schon die Assoziation der Vorstellungen, überhaupt dasjenige, was im Vorstellungsleben verläuft, in genügender Weise erklärt. Er zeichnete seine Vorstellungen, die er gewonnen hatte über die verschiedenen Gehirnpartien, wie sie zugeteilt sind die eine dem Sehen, die andere dem Hören und so weiter, auf und versuchte dann zu zeigen, wie man vielleicht im Sinne des alten Gehirnforschers Meynert darauf kommen kann, durch die verbindenden Bahnen äußere Gestaltungen für das Verbinden der einzelnen Sinneseindrücke und der einzelnen Vorstellungen zu gewinnen und so weiter. – Wer sich über diese Auffassung unterrichten will, der kann ja die auch heute noch außerordentlich bedeutsamen, ich möchte sagen, selbst für den heutigen Tag noch wichtigen Forschungen des Psychiaters Meynert nachlesen. – Nun, nachdem in dieser Weise, ich möchte sagen, mit einer materialistischen Erklärungsnuance, aber in durchaus geistvoller Art das Gehirn gewissermaßen nicht als Vermittler, sondern als Erzeuger des Vorstellungslebens aufgezeigt war, trat ein Mann auf, der ebenso handfester Herbartianer war, wie der vorhergehende Materialist und Physiologe war. Und dieser sagte ungefähr das Folgende: Ja, Sie haben uns jetzt da aufgezeichnet die einzelnen Gehirnpartien, ihre Verbindungen und so weiter. Wir Herbartianer, die philosophischen Herbartianer, könnten eigentlich dieselben Zeichnungen machen. Ich könnte dasselbe aufzeichnen. Nur würde ich niemals meinen, daß das Gehirnpartien wären und Nervenleitungsbahnen, sondern ich würde die Vorstellungen direkt so zeichnen und würde dann die rein vorstellenden seelischen Kräfte, die von Vorstellungsmassen zu Vorstellungsmassen gehen, so zeichnen. Die Zeichnung kommt eigentlich geradeso heraus, sagte er, wenn ich als Herbartianer die seelischen Vorgänge zeichne, wie wenn Sie als Physiologe die Gehirnpartien und ihre Verbindungen zeichnen. – Und es war in der Tat interessant, wie der eine dieselben Dinge hinzeichnete – nun, ich zeichne jetzt schematisch –, und der

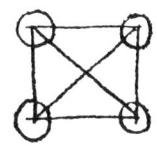

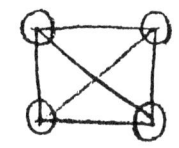

andere dann seine Sachen hinzeichnete. Die Zeichnungen unterschieden sich gar nicht. Nur meint der eine direkt seelisches Leben, das er auf diese Weise symbolisiert, und der andere meint Gehirnvorgänge, die er auch so symbolisiert. Auf diese Weise setzten sich die beiden dann auseinander, überzeugten sich selbstverständlich nicht, aber sie zeichneten eigentlich zwei ganz verschiedene Dinge auf ganz dieselbe Weise. Es war das ein im Grunde genommen außerordentlich charakteristisches Erkenntniserlebnis darum, weil man in der Tat dahin kommt, wenn man etwa in Herbartscher Weise – man kann es auch in anderer Weise übrigens machen – versucht, das Vorstellungsleben symbolisch durch Zeichnungen zu veranschaulichen, man bekommt tatsächlich etwas ähnliches heraus, wie man herausbekommt, wenn man die Gehirnvorgänge und die Gehirnpartien aufzeichnet. Woher rührt das? Sehen Sie, das wird erst im imaginativen Vorstellen klar, wenn man im rückschauenden Lebenspanorama sieht, wie die Selbständigkeit des Seelenlebens wird; wie tatsächlich dasjenige, was ja erfaßt wird im sogenannten Ätherleib, eigentlich erst durchorganisiert – und bis zu einem gewissen Grade bei der Geburt durchorganisiert hatte – dasjenige, was das Gehirn ist. Dann wundert es einen nicht mehr, daß das Gehirn ähnlich wird in seiner Bildung demjenigen, was sich da hineinorganisiert. Aber zu einer wirklichen Einsicht in diese Dinge kommt man eben nur, wenn man anschauen kann, wie das Seelische am Gehirn organisiert. Und geradeso wie schließlich mancher auch finden wird, daß, wenn einer einigermaßen malen kann, dasjenige, was er malt, ähnlich ist dem, was er abbildet, weil sein Vorstellen in seiner Malerei weiter wirkt und die Ähnlichkeit macht, so wird auch dasjenige, was sich im Gehirn beziehungsweise eigentlich im ganzen Nervensystem ergibt als Folge des seelischen Bildens, ähnlich dem seelischen Bilden beziehungsweise dem seelischen Inhalte selber. Aber das, was da als Tätigkeit sich abspielt, was sich da hineinbildet in das Nervensystem, das versteht man nur dann, wenn man sich sagt: Eigentlich ist das ganze Nervensystem etwas, was in seinem realen Entstehen, in seinem Werden ein Ausdruck für eine Realität ist, die so real abläuft, wie man es im Imaginieren schaut.

Also es geschieht einem einfach dieses, daß man sich sagen muß: Das Gehirn oder das Nervensystem überhaupt sind zwar äußerliche physische Bildungen. Aber so wie sie da sind, begreift man sie eigentlich nur, wenn man sie als physisch gewordene Imaginationen begreift. Also dasjenige, was zunächst im allgemeinen der Geistesforscher Imagination nennt, das ist nicht etwa nicht vorhanden in der empirisch gegebenen Welt, sondern das ist durchaus in der empirisch gegebenen Welt im Abbild vorhanden, und es zeigt sich eben das manchmal, ich möchte sagen, in so grotesker, merkwürdiger Weise, wie an diesen zwei Menschen, von denen der eine Physiologe, der andere Philosoph war, und die diese Dinge auf gleiche Weise zeichneten.

Aber es liegt noch etwas anderes vor. Ich habe schon hingewiesen auf die Forschungen des Psychiaters, Physiologen und Psychologen Theodor Ziehen. Theodor Ziehen hat das Bestreben, das Vorstellungsleben so zu erklären, daß er es eigentlich durchaus überall ersetzt durch Gehirnleben. Seine Erklärung besteht im Grunde genommen eigentlich in nichts anderem, als daß er das Vorstellungsleben betrachtet, dann anatomisch und physiologisch das Gehirn, das Nervensystem sich vorlegt, und, soweit das beim Stand der empirischen Forschung heute möglich ist, aufzeigt, welche Vorgänge er glaubt, daß vorhanden seien im Gehirn für irgendeinen Vorstellungsverlauf oder auch für das Gedächtnis und so weiter. Aber ich habe darauf aufmerksam gemacht, daß Theodor Ziehen genötigt ist, mit dieser Erklärung, die ja in der Tat etwas sehr Bedeutsames ist für das Vorstellungs- und Gehirnleben, halt zu machen vor dem Gefühlsleben und auch vor dem Willensleben. Das können Sie verfolgen in der «Physiologischen Psychologie» von Theodor Ziehen. Ein Mangel liegt allerdings in dieser Psychologie vor. Würde

Theodor Ziehen bedenken, wie trotz alledem, was ja so bestechend wirkt in der Erklärung des Vorstellungslebens durch die Vorgänge des Gehirnlebens, man eigentlich nun doch nicht restlos umfaßt die Formungen des Gehirns und so weiter, sondern daß man da nötig hat, ich möchte sagen, ein künstlerisches Prinzip hineinzubringen, das aber nichts anderes ist als der äußere Ausdruck des Imaginativen, so würde seine Erklärung des Vorstellungslebens durch das Gehirn ihn doch auch nicht voll befriedigen können. Und da, wo er übergehen will zur Gefühlswelt, läßt ihn sozusagen alles im Stich. Da redet er überhaupt nicht mehr davon, daß er noch irgendwie etwas erklären könne. Deshalb hängt er den Vorstellungen die sogenannte Gefühlsbetonung an. Das ist ja nur ein Wort, wenn man nicht weiterkommt als eben bis zu diesem Worte. Er sagt: Ja, in gewissen Fällen haben wir eben nicht bloß Vorstellungen, sondern gefühlsbetonte Vorstellungen. – Er kommt deshalb dazu, weil er dasjenige, was Gefühl ist, dennoch nicht im Gehirn unterbringt in das Vorstellungsleben und auf der anderen Seite nichts hat, was ihm möglich macht, nun ebenso etwas organisch-körperlich zuzuordnen dem Gefühlsleben, wie er zuordnet das Gehirn-Nervenleben dem Vorstellungsleben.

Beim Gehirn-Nervenleben geht es eben aus dem Grunde einfacher, weil ja schließlich diese Forscher von der Art des Theodor Ziehen meistens mit Bezug auf die Verstandesauffassung, auch mit Bezug auf die mathematische Auffassung des Naturganzen, außerordentlich gescheit sind. Ich sage das selbstverständlich ohne Ironie, sondern ich meine das, was ich damit sage. Wir haben heute in der Wissenschaft nach dieser Richtung einen außerordentlich großen Scharfsinn angewendet, und es würde Ihnen klarwerden, wenn Sie, ich möchte sagen, beschließen würden, näher bekanntzuwerden mit dem ganzen Verlauf der anthroposophischen Bewegung, daß ich selber durchaus nicht begünstige das dilettantische Herumreden in allerlei abstrusen, nebulosen anthroposopischen Vorstellungen bei einem hochmütigen Abweisen desjenigen, was in der heutigen Wissenschaft gegeben ist, wenn man dieses in der heutigen Wissenschaft Gegebene nicht soweit kennt, daß man es in seiner ganzen Bedeutung auch anerkennen kann. Ich stehe durchaus auf dem Standpunkt: Erst dann kann man anthroposophisch über die heutige Wissenschaft ein Urteil fällen, wenn man sie kennt. Ich weiß allerdings, wieviel ich im Laufe der Zeit habe im Grunde genomnommen leiden müssen unter denjenigen Anthroposophen, welche, ohne irgendwelche Ahnung zu haben von der Bedeutung und Aufgabe der heutigen Wissenschaft, immer wieder und wieder über diese Wissenschaft losgezogen haben und geglaubt haben, sie könnten über dasjenige, was in sorgfältigen, gewissenhaften Methoden erarbeitet worden ist, ein Urteil fällen, wenn sie sich ein paar anthroposophische Floskeln angeeignet haben. Über dieses Stadium müssen wir natürlich durchaus hinauskommen.

Nun, was da eigentlich vorliegt, das ist dieses: Man kommt dazu, zunächst wenigstens die Beziehungen zu konstruieren, die zwischen dem Vorstellungsleben und dem Nerven-Sinnesleben bestehen. Aber es bleibt eben ein Rest. Dieser Rest entzieht sich in einem gewissen Sinne der Aufmerksamkeit. Denn man schwimmt da so langsam hinein von dem verstandesmäßigen, logischen und mathematischen Konstruieren in dasjenige, wo die Dinge unbestimmt werden, das heißt, man macht sich klar: so sind die Sinne, so setzen sich die Sinne fort im Nervensystem – und dann müßte man eigentlich weiter in das imaginative Vorstellen hinein. Jeder Mensch hat aber bis zu einem gewissen Grade ein dunkles Gefühl von der Umgestaltung scharf umrissener, mathematisch konstruierbarer Figuren zu dem, was sich zum Beispiel im Mathematischen nicht erfassen läßt, was aber deutlich im Gehirn und Nervenbau zutage tritt, und weil er dieses Gefühl hat, so sagt er sich: Man wird schon auch einmal hineinkommen in diejenigen Partien des Sinneslebens und des Nervenlebens, welche sich der unmittelbaren rein mathematischen Konstruktion entziehen. Man setzt sozusagen ein fernes Ideal an die Stelle desjenigen, was aber durchaus erreicht werden kann jetzt schon, wenn man sich eben gesteht: Mit dem bloß verstandesmäßigen Erkennen läßt sich prinzipiell nicht hineintauchen in diese Welt der Sinne und des Nervenlebens, sondern da muß eintreten einfach das Überführen desjenigen, was solches verstandesmäßiges Konstruieren ist, in das Erfassen eines Bildhaften, das ebenso vollbewußt und willentlich zu erreichen ist wie die mathematische Figur, das aber nicht innerhalb des Mathematischen aufgeht. Ich meine eben das Imaginative.

Sehen Sie, eine gewisse Hilfe kann vielleicht wenigstens ein Teil von Ihnen haben, wenn er versucht, sich eine genaue Vorstellung von dem zu machen, wie sich verhält die gewöhnliche analytische Geometrie zu der sogenannten synthetischen Geometrie. Nur ein paar Worte möchte ich über dieses sagen. Wir tun innerhalb der analytischen Geometrie eigentlich das Folgende. Wir diskutieren irgendeine Gleichung $y = f(x)$ oder eine andere Gleichung, und wenn wir innerhalb des gewöhnlichen Koordinatensystems bleiben, so sagen wir uns, jedem x entspricht dann ein y, und wir suchen die Endpunkte der Ordinaten als diejenigen Punkte auf, die sich aus unserer Gleichung ergeben. Was tritt da eigentlich ein? Da müssen wir uns sagen: Wenn wir die Gleichung behandeln, so behandeln wir sie eigentlich so, daß wir innerhalb desjenigen, was wir in der Gleichung handhaben, immer im Auge etwas haben, was außerhalb desselben liegt, was wir zuletzt suchen. Wir suchen zuletzt die Kurve. Aber in der Gleichung liegt ja nicht die Kurve. In der Gleichung liegen die Ordinaten und die Abszissen. Wir bewegen uns eigentlich so, daß wir außerhalb der Kurve konstruieren, und daß wir dasjenige, was wir an den Enden der Ordinaten haben, dann als die Punkte betrachten, die der Kurve angehören. Wir kommen mit unserer Gleichung in der analytischen Geometrie gar nicht hinein in die Kurve selber, in das geometrische Gebilde. Das ist etwas ungeheuer Bedeutsames, wenn es im erkenntnismäßigen Sinne begriffen wird, daß, wenn wir analytische Geometrie treiben, wir Operationen ausführen, die wir dann im Raume wieder aufsuchen, daß wir aber mit alldem, was wir da rechnen, eigentlich außerhalb der Betrachtung geometrischer Gebilde bleiben. Es ist das etwas, was man auffassen muß aus dem Grunde, weil man dann zu einer ganz anderen Vorstellung kommt, wenn man übergeht von der analytischen Geometrie zur projektiven oder synthetischen Geometrie. Da arbeitet man, wie die meisten von Ihnen wissen werden, nicht mehr mit der Rechnung, sondern da arbeitet man im Grunde genommen nur mit dem Schneiden von Linien und mit dem Projizieren von Gebilden und kommt dadurch wenigstens zunächst annäherungsweise dazu, aus dem bloßen Herumrechnen um die geometrischen Gebilde etwas hineinzutreten in diese geometrischen Gebilde selber. Das zeigt sich, wenn Sie sich anschauen, wie man in der synthetischen Geometrie zum Beispiel nachweist, daß eine gerade Linie nicht zwei unendlich ferne Punkte hat, sondern nur einen unendlich fernen Punkt, so daß man, wenn man nach dieser Richtung fortgeht, ich möchte sagen, «von hinten herum» – das kann man geometrisch ganz gut begreifen – wiederum zurückkommt, so daß man nur *einen* unendlich fernen Punkt bei einer Geraden hat. Man hat dann bei einer Ebene nur *eine* unendlich ferne Grenzlinie. Man hat beim ganzen Raum nur *eine* unendlich ferne Grenzebene.

Zu diesen Vorstellungen, ich will das nur erwähnen, kommt man nicht auf analytische Weise. Das läßt sich gar nicht machen. Man bildet sich, wenn man schon synthetisch-geometrische Vorstellungen hat, vielleicht ein, man könne dazu kommen. Man kann aber nicht dazu kommen, nur die synthetische Geometrie liefert einem das. Die synthetische Geometrie zeigt einem, daß man in der Tat hinein kann in die geometrischen Gebilde, was die analytische Geometrie nicht kann. Und da erwirbt man sich, wenn man sich allmählich so herausringt aus der bloßen analytischen Geometrie in die projektive oder synthetische Geometrie hinein, eine Empfindung dafür, wie die Kurve selber in sich die Elemente des Sich-Biegens, des Sich-Rundens und so weiter hat, was ja nur äußerlich gegeben ist in der analytischen Geometrie. Man dringt also aus der Umgebung der Linie, aus der Umgebung auch des Raumgebildes in das innere Gefüge des Raumgebildes hinein, und man hat dadurch eine Möglichkeit, sich eine erste Stufe zu bilden für den Übergang des rein mathematischen Vorstellens, das ja im eminentesten Sinne in der analytischen Geometrie gegeben ist, zum imaginativen Vorstellen. Man hat das imaginative Vorstellen natürlich noch nicht in der synthetischen, projektiven Geometrie, aber man nähert sich ihm, und das ist, wenn man es innerlich durchmacht, ein außerordentlich bedeutsames Erlebnis, ein Erlebnis, welches geradezu entscheidend werden kann für die Anerkennung des imaginativen Elementes und auch dafür, daß man sich dann den Weg der Geistesforschung bestätigt in der Richtung, daß man wirklich eine Vorstellung von diesem imaginativen Element bekommt. Ich habe, ich möchte sagen, ein tiefes Mitgefühl gehabt, als ich bei einem eigentlich recht guten Naturforscher und Arzt der Gegenwart, bei Moriz Benedikt, in seinen ja so unsympathischen, weil blasierten und hochmütigen Lebenserinnerungen, die Stelle fand, die mir ganz Richtiges wiederzugeben scheint, wo er sagt, er vermisse so sehr bei den Medizinern die Vorbereitung durch das mathematische Studium. Nun wäre es selbstverständlich außerordentlich gut, wenn die Mediziner mehr mathematische Vorbereitung hätten, aber mit Bezug auf diese Dinge haben wir ja in unserem gegenwärtigen Bildungsgang manchen Mangel zu verzeichnen. Aber auf der anderen Seite konnte ich von meinem Gesichtspunkt aus, als ich Moriz Benedikts Lebenserinnerungen las, nicht anders als sagen: Auch wenn die Mediziner noch so gute mathematische Vorstellungen hätten, sie würden mit diesen mathematischen Vorstellungen allein durchaus nicht in der Lage sein, dasjenige zu decken, was zum Beispiel im Sinnessystem und im Nervensystem an Gestaltung gegeben ist. Da muß man eben zu dieser Umbildung des Mathematisierens, zu diesem imaginativen Erkennen vorrücken. Dann erst ergibt sich das betreffende Nerven- oder Sinnesgebilde geradeso dem Vorstellen, wie sonst das physisch-mineralische Gebilde sich eben dem mathematischen Vorstellen ergibt.

Das alles sind Dinge, die Ihnen zeigen können, wie in der Tat allüberall, ich möchte sagen, die Türen offen stehen in der gegenwärtigen Wissenschaft, um einzutreten in dasjenige, was die Geistesforschung geben will, und wenn wir erst ein bißchen eingehen können in das eigentlich Medizinisch-Therapeutische in den nächsten Tagen, dann werden Sie sehen, wie da ganz gewaltig diese Türen offen stehen, um einzutreten mit Geistesforschung in dasjenige, was sich ja der gewöhnlichen Forschung nicht ergibt. Aber wenn man nun auch auf diesem Wege weiterschreitet und nicht will über das imaginative Vorstellen hinausgehen in der Art, wie ich es morgen beschreiben will, nämlich nicht vorrücken will zum inspirierten Vorstellen, dann kommt man eben nicht zu irgendeiner Möglichkeit, etwas anderes im menschlichen Organismus als das Nerven-Sinnessystem auch nur annähernd so stark als einen Abdruck, als gewissermaßen die Realisierung von etwas Geistig-Seelischem zu erkennen, daß zwei ganz entgegengesetzt denkende Menschen diese Gebilde ähnlich zeichnen konnten. Man wird erst durch das inspirierte Vorstellen auf das rhythmische System des

Menschen, das in der Hauptsache umfaßt den Atmungsprozeß und den Blutzirkulationsprozeß, gewiesen. Da erst erträgt man, wenn ich mich so ausdrücken darf, jenes äußerlich fast gar nicht mehr Ähnlichsehen des physischen Gebildes und des Geistig-Seelischen. Es gehört in der Tat unmittelbar das Gefühlsleben geradeso zum rhythmischen System wie das Vorstellungsleben zum Nerven-Sinnessystem gehört. Aber im Nerven-Sinnessystem haben wir in gewisser Weise ein äußeres physisches Abbild des Vorstellens. Im rhythmischen System zeigt das, was sich der äußerlichen sinnlich-empirischen Forschung darbietet, kaum mehr etwas Ähnliches mit dem Seelischen des Fühlens. Deshalb, weil das so ist, kommt die äußerliche Forschung auch gar nicht darauf, daß diese Ähnlichkeit dennoch besteht, daß sie sich aber erst enthüllt, wenn man zu einer noch anderen Vorstellungsart kommt, als diejenige des Imaginierens ist. Und da kommt man, wie ich schon gestern angedeutet habe, in die Nähe eines Erkenntnisstrebens, welches auf primitivere Art, instinktiver getrieben worden ist im Jogasystem der alten Inder.

Bei all denjenigen, welche dieses Jogasystem pflegen – das durchaus, wie ich schon angedeutet habe, nicht mehr erneuert werden darf, weil es für den modernen Menschen seiner veränderten Organisation gegenüber durchaus nicht mehr angemessen ist –, sehen Sie das Bestreben, für kurze Übungszeiten an die Stelle des gewöhnlichen, normalen, aber zum großen Teil unbewußt verlaufenden Atmungsprozesses einen geregelten, mehr in das Bewußtsein heraufgehobenen Atmungsprozeß zu setzen. Man atmet in einer anderen Weise ein, als man gewöhnlich normal und unbewußt atmet. Man hält den Atem zurück, so daß man weiß, wie lange man ihn zurückhält. Man atmet in einer bestimmten Weise aus. Höchstens unterstützt werden kann unser heutiges Geistesleben durch einen solchen Atmungsprozeß. Aber so, wie mit besonderer Betonung dieser Prozeß im alten Indien von denjenigen gemacht wurde, welche zu etwas kommen wollten wie die herrliche, gewaltige Vedantaphilosophie oder wie die philosophischen Grundlagen der Veden, in solcher Weise können wir es heute nicht machen. Das würde widersprechen dem, was die heutige menschliche Organisation eigentlich ist. Aber man kann sich doch an diesem durch die Veränderung des normalen Atmens aus dem Willen heraus bewußt werdenden rhythmischen

Prozeß unterrichten. Es wird in einer gewissen Weise dasjenige, was sonst im selbstverständlichen Ablaufe des Lebens sich vollzieht, in das bewußte Willensleben hereingehoben. Man atmet also, daß heißt, man vollzieht alles dasjenige, was während des Atmens im Lebensprozeß des Menschen sich vollzieht, in einer gewissen Weise bewußt. Dadurch, daß man es bewußt vollzieht, verändert sich aber im Grunde der ganze Bewußtseinsinhalt. Wie man mit dem Atmen selbst dasjenige, was in der Außenwelt vorhanden ist, in seine eigene Organisation einbezieht, so bezieht man auch, wenn der Atmungsprozeß in dieser Weise, wie ich es geschildert habe, bewußt gestaltet wird, etwas Geistig-Seelisches in die eigene Organisation hinein.

Bedenken Sie nur das Folgende. Wir können eigentlich, wenn wir die gesamte menschliche Organisation betrachten, wenn wir nicht bei Abstraktionen stehenbleiben, sondern zur totalen Wirklichkeit übergehen wollen, nicht sagen: dasjenige, was da innerhalb unserer Haut ist, sind wir bloß ganz allein. Wir haben in uns dasjenige, was der anfängliche oder schon in seinem Verlaufe befindliche Atmungsprozeß ist: Umgestaltung des Sauerstoffs und so weiter. Aber dasjenige, was jetzt in uns ist, war vorher draußen, gehörte der Welt an, und dasjenige, was wir jetzt in uns haben, wird, wenn wir ausgeatmet haben werden, wiederum der Welt angehören. Wir sind in einer gewissen Weise, sobald wir zu diesem rhythmischen System übergehen, nicht mehr in derselben Weise organisch individualisiert, wie wir uns das vorstellen, wenn wir eben nur das Nichtluftmäßige in unserer organischen Bildung innerhalb unserer Haut in Betracht ziehen. Wenn der Mensch sich voll bewußt wird, daß er eigentlich seine Luftorganisation recht rasch wechselt – bald ist die Luft draußen, bald ist sie drinnen und so weiter –, so kann er sich eigentlich nur vorkommen, wie sich der Finger vorkommen würde als Glied unseres Organismus, wenn er ein Bewußtsein erlangen könnte. Er kann nicht sagen: Ich bin etwas Selbständiges –, er kann sich nur fühlen als ein Glied unseres Menschenorganismus. So müssen wir uns fühlen als Atmungsorganismus. Wir sind eingegliedert unserer kosmischen Umgebung gerade durch diesen Atmungsorganismus, und wir betrachten diese Eingliederung nur aus dem Grunde nicht, weil wir dieses rhythmische Organisieren wie eine selbstverständliche, fast unbewußte Tätigkeit ausüben. Wenn sie nun durch den Jogaprozeß heraufgehoben wird zur Bewußtheit, dann geschieht das, daß man merkt, man atmet ja nicht bloß die materielle Luft ein und verbindet sie mit sich, sondern mit der Luft atmet man auch Geistig-Seelisches ein, verbindet es mit sich. Im Ausatmen übergibt man wiederum der Außenwelt Geistig-Seelisches. Man lernt nicht nur seinen materiellen Zusammenhang mit der kosmischen Umgebung kennen, man lernt seinen geistig-seelischen Zusammenhang mit der kosmischen Umgebung kennen. Man verwandelt den ganzen rhythmischen Prozeß in etwas, dem sich eingliedert ein Geistig-Seelisches. Genau so, wie sich in den Vorstellungsprozeß eingliedert die kosmische Umgebung, so gliedert man dem Atmungsprozeß, der sonst ein innerer physischer organischer Prozeß ist, ein Geistig-Seelisches ein. Dadurch wird allerdings dieser umgewandelte Joga-Atmungsprozeß zu einer, ich möchte sagen, mehr pantheistisch gefärbten, die einzelnen Gebilde weniger individualisierenden Erkenntnis und es bildet sich im Inder ein anderes Bewußtsein, als das gewöhnliche Bewußtsein ist. Er fühlt sich in einem anderen Bewußtsein, in dem er gewissermaßen hingegeben ist an die Welt. Dadurch aber bekommt er ein objektives Verhältnis zu dem, was sonst sein gewöhnliches Vorstellungsleben ist, indem er gewissermaßen hinuntergerückt mit seinem Bewußtsein in das atmungsrhythmische System überhaupt. Vorher lebt er in dem Nerven-Sinnessystem, gegeben als eine Summe von Anschauungen. Jetzt erlebt er sich – was man erlebt, weiß man nicht, aber sobald es objektiv wird, tritt es als Anschauung auf, und so lernt er erkennen dasjenige, in dem er sonst lebt als Anschauung –, jetzt erlebt er sich, ich möchte sagen, eine Stufe tiefer im rhythmischen System. Wenn man diesen inneren Erlebensprozeß kennenlernt, dann versteht man in einer neuen Weise dasjenige, was durch die Veden atmet, was durch die Vedantaphilosophie nicht nur anders gestaltet ist, als es die abendländische Bildung gibt, sondern was unmittelbar erfahren ist, aus der Erfahrung, die eben gegeben ist jenem Bewußtsein, das eigentlich sich verlegt hat in den Atmungsprozeß.

Nun kommt man noch zu etwas anderem, wenn man in diesen Atmungsprozeß hinuntersteigt. Das möchte ich aber erst erwähnen, wenn ich noch einmal präziser dasjenige vorausgeschickt habe, was ich schon vorgestern angedeutet habe. Ich sagte, dieser Jogaprozeß ist für uns nichts mehr, und die menschliche Organisation ist mittlerweile fortgeschritten. Wir können in unserem Zeitalter nicht mehr in den Jogaprozeß untertauchen, einfach aus dem Grunde, weil wir heute verstandesmäßig so stark organisiert sind, weil unsere Vorstellungen innerlich, ich möchte sagen, soviel Härte haben – das ist bildlich gesprochen –, daß wir viel mehr Kraft hineingießen würden in das Atmungssystem, als der Inder mit seinem weicheren Vorstellungsleben hineingegossen hat. Heute würde es bedeuten, daß der Mensch in einer gewissen Weise sich betäuben würde oder sonst sein rhythmisches System stören würde, wenn er in derselben Weise mit dem Jogaprozeß vorgehen würde wie der Inder. Wir können vorschreiten, wie ich schon angedeutet habe und wie ich später genauer beschreiben werde, von der Nachbildung des Erinnerungsvermögens zum Ausbilden des Vergessensprozesses. Dadurch, daß wir da in diesen Abgrund hineinkommen, in den Vergessensprozeß hineinkommen, ergreifen wir von oben herunter das Atmen, das wir dann so lassen können, wie es ist. Wir brauchen es nicht umzugestalten. Wir können es so lassen, und das ist für den modernen Menschen das Richtige. Aber wir strahlen gewissermaßen im künstlichen Vergessen herunter in das Atmungssystem. Wir verlegen da das Bewußtsein in dieselbe Region, nur eben vollbewußter, noch mehr von Willen durchzogen, als es der alte Inder tun konnte.

Man erlebt dadurch die Möglichkeit, jetzt dieses rhythmische System zu erkennen als zugeordnet dem menschlichen Gefühlsleben. Dann, wenn man sich in dieser Region die Möglichkeit erwirbt, noch vorzustellen, also wenn man sich die Möglichkeit erwirbt, inspirierte Vorstellungen zu haben, dann ist nicht mehr die Notwendigkeit vorhanden, daß das äußere sinnliche Gebilde ähnlich ist dem seelischen Gebilde, so wie das Gehirn in seinem Bau ähnlich ist dem Zusammenhang der Vorstellungen, sondern es kann das äußere sinnliche Gebilde im Grunde so verschieden sein von dem Seelischen, daß der gewöhnliche Physiologe den Zusammenhang gar nicht merkt, wie es bei Theodor Ziehen der Fall ist. – Indem man aber die Welt viel geistiger anschaut, indem man die Welt anschaut auf rein geistige Art, merkt man doch, wie man gerade mit dem Gefühlsleben bewußt untertauchen kann in das rhythmische

System, und man merkt dann die unmittelbare Zusammengehörigkeit des Gefühlslebens mit diesem rhythmischen System. Aber daraus wird Ihnen eben – und damit komme ich auf das, was ich vorhin schon angeschlagen habe – begreiflich erscheinen, daß einfach in älteren Zeiten dann – schließlich sind die Inder ja nur das besonders repräsentative Volk für dasjenige, was die älteren Stadien der Menschheitsentwickelung ergeben hatten – das Erkennen, das man anstrebte, um über das unmittelbare Erfassen der Welt im alltäglichen Leben hinauszukommen, sich einsenkte in das Gefühlsleben. Es war durchaus Vorstellungsleben, aber es senkte sich ein in das Gefühlsleben, es war gefühlsdurchdrungen. Der moderne Forscher spricht nur von Gefühlsbetonung. Dasjenige, was der alte Jogi erlebte und überhaupt derjenige erlebte, der sein Dasein innerhalb älterer Kulturen hatte, war ein Untertauchen in das Gefühlsleben, aber nicht so, daß die Verschwommenheiten des Gefühlslebens eintraten, sondern daß wirklich die volle Klarheit des Vorstellungslebens da war und dennoch das Fühlen nicht nur nicht ausgelöscht war, sondern sogar intensiver auftrat als im gewöhnlichen Alltagsleben, und es wurde durchtränkt dadurch alles dasjenige, was im Alltagsleben, ich möchte sagen, nüchtern, prosaisch aufgefaßt wurde. Indem sie sich zu gleicher Zeit metamorphosierten, indem sie sich vertieften, nahmen die Vorstellungen andere Gestaltungen an, und so durchtränkten sich diese umgewandelten Vorstellungen mit solchem gefühlsmäßigem Inhalt, daß aus diesem gefühlsmäßigen Inhalt der Wille unmittelbar angeregt wurde und von diesem alten Menschen etwas vollzogen wurde, was wir heute in einer abstrakteren Form vollziehen, wenn wir irgend etwas, was wir in der Seele tragen, verwenden zum Aufzeichnen oder Aufmalen. Solches im Jogasystem Ergriffenes wurde so intensiv innerlich erlebt, daß es eine Selbstverständlichkeit war, nicht stehenzubleiben bei etwa dem bloßen Zeichnen oder Malen, sondern es umzugestalten in äußere, durch äußere Gegenstände hergestellte Symbolik.

Hier haben Sie den psychologischen Ursprung alles desjenigen, was in den alten Kulturen als Kultushandlungen auftrat. Innerlich zu begreifen hat man dasjenige, was menschlicher Antrieb für Kultushandlungen war, und man begreift, wie der alte Mensch nicht etwa aus

Kinderei heraus, sondern aus seiner Art des Erkennens heraus dazu gekommen ist, Kultushandlungen zu vollziehen und in ihnen etwas Reales zu sehen, weil er wußte, dasjenige, was er der Handhabung seines Kultus einbildet, das ist von innen heraus gestaltet dasjenige, was im Grunde genommen entspringt einer Erkenntnis, wo der Mensch nicht mehr abgesondert dasteht, sondern mit der Wirklichkeit verbunden ist. Er prägte dem Kultus ein dasjenige, was die Welt erst ihm eingeprägt hatte. Indem er zu seinem Erkennen vorgeschritten war, sagte er sich: Jetzt lebt in mir, wie der physische Atem aus dem umliegenden Kosmos in mir lebt, die geistige Wesenhaftigkeit der Welt in meinem umgestalteten Bewußtseinsprozeß, und indem ich wiederum in äußerer Konfiguration, in der Kultushandlung dasjenige den Dingen und den Vorgängen einbilde, was sich aus dem geistigen Kosmos zuerst in mich eingebildet hat, vollziehe ich eine Handlung, stelle ich ein Objekt vor mich hin, das seine unmittelbare Beziehung zum geistigen Inhalt des Kosmos hat. So stand vor diesem Menschen der alten Kultur das äußere Kultusgerät in seiner symbolischen Art, so daß er in ihm empfand den Zusammenhang mit den geistigen Wesenhaftigkeiten des Kosmos, den er zuerst in seinem Erkennen erlebt hat. Und er wußte nun, wie konzentriert, in überschaubarer Weise konzentriert im Kultusgerät oder in der Kultushandlung etwas, was so geschieht, daß es sich nicht erschöpft in dem Äußerlichen, was ich da vor mir habe, sondern daß geistig-seelische Mächte, die sonst im Kosmos leben, in der sich vollziehenden Kultushandlung leben.

Das, was ich Ihnen erzähle, ging in der Seele derjenigen Menschen vor sich, die auf eine selbstverständliche Art aus ihrem Erkennen heraus die alten Kulte bildeten. Man bekommt erst ein psychologisches Verständnis für diese Kulte, wenn man sich einläßt auf inspirierte Erkenntnis. Diese Dinge dürfen eben nicht in der äußerlichen Weise erklärt werden, wie das im allgemeinen geschieht. Man muß tief hineinschürfen in des Menschen Wesenheit, und man muß sich fragen, wie sich aufeinanderfolgend die verschiedenen Betätigungen der menschlichen Gesamtorganisation ausbildeten, damit in jenen Zeitaltern solche Dinge entstehen konnten, wie zum Beispiel in einem Zeitalter insbesondere entstanden sind die Kulthandlungen. Denn, was heute Kulthandlungen sind, sind eigentlich stehengebliebene Reste desjenigen, was in alten Zeiten sich gebildet hat, und deshalb wird das Verständnis für die Berechtigung des Kultus dem gegenwärtigen Menschen so schwer, weil er ja mit Recht nicht mehr sich sagen kann, diese Art von Sich-Stellen zur Außenwelt ist heute noch eine berechtigte.

Aber auch in anderer Beziehung können wir sehen, wie das Seelische im Verlauf der Menschheitsentwickelung wirkt. In dem, was dem Herstellen eines Kultusgeräts, dem Vollziehen einer Kulthandlung zugrunde liegt, lebt innerlich durchdrungene Erkenntnis, so errungen, wie ich es dargestellt habe. Dadurch aber nun, daß die Menschheit sich weiter entwickelt hat, ist wieder etwas anderes eingetreten. Es liegt heute noch durchaus mehr oder weniger im Unbewußten. Aber dasjenige, was ich schon dargestellt habe, das sich besonders zeigt, wenn man zur imaginativen Erkenntnis vorschreitet, daß sich aus dem Seelisch-Geistigen das Nervenmäßige, die Nervenorganisation herausbildet, das entwickelt sich auch im Verlauf der Menschheitsgeschichte. Und wir müssen sagen, insbesondere seit der Mitte des 15. Jahrhunderts ist einfach die Menschheit in ihren repräsentativen Gliedern so geworden, daß dieses durchaus instinktive Einbilden des Seelisch-Geistigen in das Nervensystem stärker geworden ist, als es früher war. Wir haben heute einfach einen stärkeren Verstand. Das ist mit Händen zu greifen, wenn man Plato und Aristoteles studiert. Wir haben heute einen anders organisierten Verstand. Ich habe das in meinen «Rätseln der Philosophie» dargestellt aus der Geschichte der Philosophie selber. Wir haben eine andere Verstandesbetätigung. Wir überarbeiten einfach das, was seelisch sich im Laufe der Entwickelung verstärkt hat, intensiver gestaltet hat. Dadurch aber, daß es sich intensiver gestaltet hat, dadurch hat es sich auch selbständiger gemacht. Auf dieses Selbständigerwerden gegenüber der menschlichen Nervenorganisation von seiten des Verstandes ist das Bewußtsein der Menschheit, auch das philosophierende Bewußtsein, noch nicht ganz aufmerksam geworden. Und weil, ich möchte sagen, der Mensch heute nach innen stärker geworden ist, weil er vom Seelisch-Geistigen aus sein Nerven-Sinnessystem stärker durchorganisiert, so hat er das Bedürfnis, diese intensivere Verstandestätigkeit wiederum in der äußeren Welt anzuwenden. Geradeso wie man innerlich in alten Zeiten die Erkenntnis, die innerlich errungene Erkenntnis anwendete auf das Herstellen des Kultgeräts und auf das Vollziehen der Kulthandlung, wie man so bestrebt war, das, was man erkannt hatte, hinauszutragen in das, was man tat, so hat man in der neueren Zeit die Sehnsucht bekommen, dasjenige, was der selbständige, der stärker gewordene Verstand ist, nun auch in der Außenwelt zu befriedigen, von der Außenwelt etwas hereinzubekommen, worauf der Verstand, ohne daß er erst durch das innere Leben getragen ist, sich anwenden kann. Der Verstand will etwas haben, worin er so lebt wie früher das heraufgehobene Kosmische im Kultgerät und in der Kulthandlung. Er will etwas vor sich haben, was er hinstellt in der Art, daß es in der entgegengesetzten Art errungen ist wie die Kulthandlung.

Das – bitte ertragen Sie die Paradoxie, aber psychologisch ist das so –, was da angestrebt wird, wo gewissermaßen herausgeschlagen wird dasjenige, was innerlich erlebt wird, wo nur der Verstand zusammenstellen will die Bewegungen, damit er in dem Objekt lebt, wie früher das Kosmische leben sollte in dem Kultusobjekt, das ist das wissenschaftliche Gerät, das zum Experimentieren dient, und das Experiment ist dasjenige, worin der moderne Mensch nach dem anderen Pole hin den Verstand, der stärker geworden ist, ebenso befriedigt, wie er sein kosmisches Gefühl einstmals im Kultusgerät und in der Kultushandlung befriedigt hat. Das sind die entgegengesetzten Pole. In bezug auf eine alte instinktive Hellseherkultur war es der Trieb, äußerlich das innerlich kosmisch Erlebte zu vergegenwärtigen im Kultusgerät und in der Kultushandlung. Dasjenige, was der intensiver gewordene moderne Verstand ist, das will sich äußerlich hinstellen in zusammengestellten Bewegungen, die abgesondert sind von aller Innerlichkeit, in denen nichts Subjektives lebt, die aber doch gerade aus dem errungenen Subjektiven des Verstandes zusammengestellt werden im Experiment. So sonderbar es Ihnen erscheinen mag, daß aus denselben Untergründen heraus auf der einen Seite der Kult, auf der anderen Seite das Experiment hervorgeht, wenn man den totalen Menschen begreift, so wird man auch zu einem Verständnis dieser Polaritäten kommen können. Auf dieser Grundlage wollen wir dann morgen weitersprechen.

SECHSTER VORTRAG

Stuttgart, 22. März 1921

Ich habe bisher gesprochen von jenen übersinnlichen Erkenntnisfähigkeiten, die ich benenne mit den Ausdrücken imaginative Erkenntnis und inspirierte Erkenntnis. Ich möchte heute zunächst einiges sagen über das Erringen dieser Erkenntnisfähigkeiten. Natürlich kann ich nur Prinzipielles und Einzelnes darüber andeuten. Das Ausführliche finden Sie ja in meinem Buche «Wie erlangt man Erkenntnisse der höheren Welten?». Aber ich werde heute gerade dasjenige hervorheben, was in dem Zusammenhange, den ich mir vorgesetzt habe in diesen Vorträgen hier zu behandeln, von Wichtigkeit ist. Dasjenige, was ich Ihnen gewissermaßen in seinem Darinnenstehen im Welterkennen als Imagination geschildert habe, das kann errungen werden dadurch, daß man, wie ich schon andeutete, den Erinnerungsvorgang auf einer anderen Stufe nachbildet. Der Erinnerungsvorgang hat sein Wesentliches darinnen, daß er dasjenige festhält, was im äußeren Erleben an den Menschen herantritt. Bildhaft hält der Erinnerungsvorgang dieses fest.

Nun handelt es sich darum, daß wir uns zunächst etwas verständigen über gewisse Eigenschaften des gewöhnlichen Erinnerungsvorgangs, aus dem ja die reine Erinnerung, dasjenige, was in wahrem Sinne des Wortes Erinnerung genannt werden kann auch im gewöhnlichen Leben, erst herausgeschält werden muß. Die Erinnerung hat schon einmal die Eigentümlichkeit, daß sie zu einer gewissen Veränderung des Erlebten drängt. Vielleicht brauche ich das nicht besonders weiter auszuführen, da ja wohl der Mehrzahl von Ihnen gut bekannt sein könnte, wie bis zur Verzweiflung getrieben man manchmal werden kann, wenn man einem Menschen irgend etwas erzählen will und man bei der Erzählung selbst gut durchhören kann, was eigentlich geworden ist aus dem, was man erlebt hat, im Durchgehen durch das Erinnerungsvermögen. Es bedarf sogar für das gewöhnliche Leben einer gewissen Selbsterziehung, wenn man sich immer mehr und mehr hindurchringen will zu einer reinen Erinnerung, zu der Fähigkeit, die Dinge im Bilde wirklich dann so zur Hand zu haben, daß das Bild eine treue Wiedergabe des

Erlebten ist. Aber man wird auch wohl unterscheiden können zwischen dem, was gegenüber der Erinnerung die berechtigte und zum Künstlerischen hinarbeitende Phantasietätigkeit ist, und was das Umfälschen der Erlebnisse ist. Es genügt ja wohl, zunächst darauf hinzuweisen, daß der Unterschied zwischen dem Hinarbeiten zur Phantasietätigkeit und dem Hinarbeiten zur Verfälschung der Erinnerungen subjektives Erlebnis sein muß, wenn der Mensch überhaupt in gesunder Seelenverfassung sein will. Man muß sich durchaus bewußt sein, wie man umgestaltet in der Phantasie, und wie dasjenige, was sich nicht unter solcher Willkür vollzieht, was sich, ich möchte sagen, wie mit einer Art von innerer, selbstverständlicher Seelenähnlichkeit vollzieht, immer wahrer, immer treuer werden müsse. Aber man wird eben, ich möchte sagen, sowohl aus dem Guten einerseits, aus dem Hinneigen zur Phantasietätigkeit, wie auch aus all denjenigen Kräften, welche wirksam sind im Verfälschen, im Umgestalten der Erinnerungen, man wird aus alldem, wenn man es psychologisch studiert, erkennen können, daß schon dann, wenn in einer ordnungsgemäßen Form aufgenommen wird dasjenige, was in den Erinnerungskräften lebt, da etwas herausgestaltet werden kann, was dann nicht mehr bloße Erinnerung zu sein braucht. Man kann ja auch darauf hinweisen, daß manche Mystiken durchaus im Grunde genommen umgefälschte Erinnerungsvorstellungen sind, daß man aber aus dem Studium solcher umgefälschter Erinnerungsvorstellungen, die dann ja als ganz ernsthafte Mystiken auftreten, recht viel gewinnen kann. Dasjenige, um was es sich uns in diesem Augenblick handelt, ist, daß man durch dasjenige, was ich schon angedeutet habe, erlangen kann, daß dieselbe seelische Kraft, die im Erinnern lebt, in etwas anderes metamorphosiert wird. Nur muß die Metamorphose so geschehen, daß die ursprüngliche Erinnerungskraft dadurch nicht etwa erst getrieben werde zum Umfälschen, sondern daß diese ursprüngliche Erinnerungskraft dadurch, daß man auch etwas anderes aus ihr zu machen versteht, um so mehr hingetrieben wird zur innerlichen Treue und Wahrhaftigkeit. Ich habe gesagt, wenn man sich immer wiederum bemüht, leicht überschaubare Vorstellungen, die man ebenso leicht und mit Willkür aus ihren einzelnen Teilen zusammensetzen und dann überschauen kann wie die mathematischen, wenn man solche Vorstellungen in sein Bewußtsein hereinrückt, dann sie im Bewußtsein behält, auf ihnen ruht, aber nicht so ruht, daß man etwa von ihnen fasziniert ist, sondern so, daß man in jedem Augenblick dieses Verhältnis des Ruhens mit innerer Willkür selber hervorruft, dann gelangt man allmählich dazu, den Erinnerungsvorgang in etwas anderes, das man früher nicht gekannt hat, umzugestalten. Wie gesagt, das Genauere ist in dem genannten Buch und auch in meiner «Geheimwissenschaft im Umriß» enthalten.

Fährt man mit solchen Übungen genügend lange fort – wie lange man das nötig hat, das ist individuell – und hat man die Möglichkeit, genügend innere Seelenenergie auf sie zu verwenden, dann kommt man eben dazu, Bilder zu erleben, welche in bezug auf das formale, innere Seelenerleben durchaus Erinnerungsvorstellungen gleichen, aber es dem Inhalt nach nicht sind. Und allmählich hat man sich angeeignet die Fähigkeit, in solchen zunächst selbstgemachten Imaginationen zu leben. Dann geht diese Fähigkeit in die andere über, daß in der Seele auftreten Imaginationen, und man kann wirklich, wenn man sich nur immer forterhält, ich möchte sagen, die mathematische Seelenstimmung, von der ich gesprochen habe, durchaus jederzeit sich klar sein darüber, ob man von irgendeiner Vorstellung genarrt ist, ob man einer Suggestion oder Autosuggestion unterliegt oder ob man eben in jener Seelenstimmung ist bei vollständiger innerer Willkür. Man gelangt dazu, Vorstellungen zu haben mit dem formalen Charakter der Erinnerungsvorstellung, nur gradweise intensiver. Ich bemerke ausdrücklich, zunächst haben diese imaginativen Vorstellungen den Charakter von Erinnerungsvorstellungen. Gesättigter, durchtränkt gewissermaßen von einem intensiveren Erleben werden sie erst durch die Inspiration. Zunächst haben sie durchaus den Charakter von Erinnerungsvorstellungen, nur so, daß man weiß, dasjenige, was sie enthalten, bezieht sich nicht auf irgendwelche Erlebnisse, die man seit seiner Geburt durchgemacht hat. Sie drücken ebenso bildhaft etwas aus, wie die Erinnerungsvorstellungen bildhaft diese persönlichen Erlebnisse ausdrücken. Sie beziehen sich auf etwas Objektives. Aber man weiß ganz genau, dieses Objektive ist durchaus nicht enthalten innerhalb der Sphäre, die man sonst durch die Erinnerungsvorstellungen überblickt.

Zunächst hat man aber auch das deutliche Bewußtsein davon: in diesen Imaginationen hat man etwas, was eine starke innere Realität hat. Aber andererseits zu gleicher Zeit ist man sich völlig klar bewußt, daß man es mit Bildern, allerdings mit Bildern irgendeiner Wirklichkeit, aber eben mit Bildern zu tun hat.

Es handelt sich darum, daß man Einblick gewinnt in dasjenige, was bei Erinnerungsvorstellungen eben, wenn sie rein sein sollen, besonders notwendig ist, daß sie nicht von irgend etwas Fremdem durchzogen werden. Ich will jetzt den Vorgang äußerlich schildern – in ein paar Vorträgen kann man nicht alles im einzelnen darstellen. Man erlangt gewissermaßen Einsicht, wie man an dem äußeren Erlebnis die Vorstellung sich bildet, wie sie in einem gewissen Sinne übergeht in den Organismus, wie sie da drinnen – ich will jetzt ganz abstrakt sagen – ihr weiteres Dasein hat und als Erinnerungsvorstellung wieder hervorgeholt werden kann. Man merkt, daß eine gewisse Abhängigkeit besteht zwischen dem, was in den Erinnerungen lebt, und den auch physischen Zuständen der menschlichen Organisation. Bis hinunter in die physischen Zustände ist man ja abhängig mit Bezug auf die Erinnerungen von der Organisation des Menschen. Man übergibt gewissermaßen dasjenige, was man erlebt hat, der eigenen Organisation, und man könnte ja jetzt im einzelnen schildern, welche Schicksale diese übergebenen Bilder der Erlebnisse in der menschlichen Organisation erfahren. Das würde aber selbst schon ein geisteswissenschaftliches Kapitel sein. Aber wie sehr auch unser Organismus beteiligt sein mag an dem Aufnehmen desjenigen, was dann als Erinnerung weiterlebt, wie sehr er beteiligt sein mag an dem Inhalt, er darf nicht soweit eben beteiligt sein, daß er irgend etwas Inhaltliches hinzugibt zu den Erinnerungen, wenn die Erinnerungen rein und treu sein sollen. Es darf in die Erinnerungen, nachdem die Vorstellungen des Erlebnisses gebildet sind, weiter nichts Inhaltliches einfließen.

Wer sich über dieses Faktum im Erinnerungsleben ganz klar ist, der kann eben unterscheiden, weiß, was es heißt, wenn dann in seinem Bewußtsein Bilder auftreten mit dem sonstigen formalen Charakter der Erinnerungsbilder, die aber einen Inhalt haben, der sich durchaus nicht auf irgend etwas persönlich Erlebtes bezieht, und der gegenüber allem persönlich Erlebten zunächst ein vollständig veränderter ist. Aber in diesem Erleben der Imagination selbst zeigt sich, wie man nötig hat, die eigentliche seelische Kraft stark zu machen, immer mehr und mehr zu verstärken. Denn, was muß man eigentlich tun? Während sonst unsere fertige Organisation desjenige, als was man organisiert ist, die Vorstellungen, die man sich am Leben gebildet hat, übernimmt und die Erinnerung vermittelt, während also gewissermaßen, wenn ich mich so ausdrücken kann, die am Leben gebildeten Vorstellungen nicht ins Bodenlose sinken, sondern von unserer Organisation aufgehalten werden, damit sie im gegebenen Augenblick der Erinnerung wieder zurückgestrahlt werden können, darf das gerade bei den imaginierten Vorstellungen nicht der Fall sein. Die müssen wir in der Lage sein aufzufangen durch bloß innerliche, seelische Kräfte. Dazu ist eben notwendig, daß wir uns aneignen dasjenige, was uns darin stärker macht, als wir gewöhnlich sind in bezug auf das Auffangen solcher Vorstellungen, auf das Halten solcher Vorstellungen. Nun gibt es dafür verschiedene Mittel, die ich beschrieben habe in den genannten Büchern. Aber eines will ich Ihnen angeben, und Sie werden aus dem, was ich jetzt sage, erkennen, welche Zusammenhänge bestehen zwischen mancherlei Lebensforderungen, die einfach von anthroposophischer Geisteswissenschaft ausgehen müssen, und demjenigen, was die Grundbedingungen dieser anthroposophischen Forschung sind.

Derjenige, welcher in der Art der Außenwelt gegenübersteht, daß er an sich herankommen läßt zunächst die sinnlichen Eindrücke der Außenwelt, die Phänomene, wie man wohl auch sagt, und der dann seinen Verstand dazu gebraucht, um über diese Phänomene in allerlei Weise zu spintisieren, was ja manchmal außerordentlich interessant sein kann, der wird kaum die Kraft finden zum imaginativen Vorstellen. In dieser Beziehung waren manche Vorgänge des neueren Geisteslebens geradezu dazu angetan, die imaginative Kraft zu unterdrücken. Wenn man nämlich anfängt, nicht die Phänomene der Außenwelt, die sich im mineralisch-physischen Reiche abspielen, mit dem Verstand gewissermaßen nur zu verbinden, den Verstand nur als ein Mittel zu gebrauchen, um die Phänomene miteinander zu verbinden, sondern wenn man anfängt, von den Phänomenen aus nach allerlei zu suchen, das hinter den Phänomenen stecken soll und das man konstruieren will, dann zerstört man sich eigentlich das imaginative Vermögen.

Ich darf vielleicht einen Vergleich gebrauchen. Sie haben ja wohl sich mehr oder weniger beschäftigt mit demjenigen, was man im Sinne der Goetheschen Weltanschauung Phänomenalismus nennen könnte. Goethe gebraucht selbst bei der Anstellung seiner Versuche, bei seinen Beobachtungen den Verstand in anderer Weise, als er oftmals gerade in der abgelaufenen Phase des neueren Denkens gebraucht worden ist. Goethe gebraucht den Verstand so, wie wir ihn etwa – jetzt kommt der Vergleich, den ich gebrauchen will – anwenden im Lesen. Wir lesen so, daß wir ein Ganzes bilden aus den einzelnen Buchstaben, und daß, wenn wir zum Beispiel eine Zeile vor uns haben und es uns gelungen ist, ein Ganzes innerlich mit dem Bewußtsein zu ergreifen durch die einzelnen Buchstaben und Worte, wir dann das Rätsel aufgelöst haben, das uns diese Zeile aufgegeben hat. Wir werden uns gar nicht einfallen lassen, etwa zu sagen: Hier ist ein B, ein r, ein o, ein t. Ich will das B ansehen. Dieses B sagt mir ja als solches nichts Besonderes. Weil es mir nichts sagt, so muß ich forschen nach dem, was hinter diesem B eigentlich steckt, und da muß ich vielleicht darauf kommen, daß hinter diesem B irgendein geheimnisvolles Jenseitiges steckt, was auf mich einen Eindruck macht, und was mir das B vermittelt. – Das tue ich nicht, sondern ich sehe mir die Buchstaben hier an und bilde mir daraus ein Ganzes: ich lese. Goethe macht es so gegenüber den Phänomenen der Außenwelt. Er nimmt nicht irgendeine Lichterscheinung und philosophiert darüber, welche Schwingungszustände dahinterstecken können in irgendeinem Jenseitigen. Er gebraucht nicht seinen Verstand dazu, um zu spekulieren, was hinter den Phänomenen stecken könnte, sondern er gebraucht diesen Verstand gerade zu demselben, wozu wir ihn gebrauchen, wenn wir die Buchstaben zusammendenken. So gebraucht er den Verstand bloß als ein Mittel, um die Phänomene zu gruppieren, so daß sie sich gegenseitig selber wie lesen lassen in ihrer Zusammenfügung. Goethe gebraucht also den Verstand der äußeren physisch-mineralisch-phänomenologischen Welt gegenüber, ich möchte sagen, als ein kosmisches Lesemittel. Er redet gar nicht von irgendeinem Ding an sich, er redet gar nicht von irgend etwas, das hinter den

Phänomenen gesucht werden müßte und das dahinter stünde. Dadurch aber kommt er auch, ausgehend von dem Urphänomen, zu einer treuen Auffassung der Phänomene, die etwa verglichen werden können mit den Buchstaben der mineralisch-physischen Welt, bis zu den komplizierteren Phänomenen, die er entweder in der Beobachtung sucht, oder die er sich durch das Experiment zusammenstellt. Er liest dasjenige, was ausgebreitet ist im Raum und in der Zeit und gebraucht den Verstand ganz vorsätzlich nicht dazu, etwas hinter den Phänomenen zu suchen, sondern dazu, die Phänomene entweder in der Beobachtung so anzuschauen, daß sie sich gegenseitig aufhellen und in einem Ganzen sich selber aussprechen, oder aber um Experimente anzustellen, Versuchsanordnungen auszudenken. Ihm soll der Verstand nichts anderes sein als erstens dasjenige, was die Versuchsanordnung macht, zweitens dasjenige, was die Einzelphänomene zusammenstellt, damit sich dann die Phänomene selber aussprechen können. Dadurch, daß man eine solche Anschauungsweise gegenüber den Phänomenen sich zu eigen macht und immer mehr und mehr zu eigen macht und in dieser Auffassung der Außenwelt eben versucht, noch über Goethe – denn er stand ja im Anfange einer solchen Denkweise – hinauszukommen, dadurch erwirbt man sich ein gewisses Zusammengehörigkeitsgefühl, ein Zusammengehörigkeitserlebnis sogar mit den Phänomenen. Man lebt sich in einer viel intensiveren Weise in die Phänomene ein, als das der Fall ist, wenn man den Verstand sogleich dazu benützt, um eigentlich die Phänomene zu durchstechen und hinter ihnen allerlei zu suchen, das dann doch ausspintisiert im Grunde genommen ist. Natürlich trifft dasjenige, was ich sage, immer nur das Ausspintisierte selber.

Es handelt sich darum, sich zu erziehen in Phänomenologie, sich zu erziehen in einem reinen Zusammenwachsen mit den Phänomenen der Außenwelt so, daß man nach und nach eigentlich ein ganz bestimmtes Gefühl bekommt über dieses Zusammengewachsensein. Wenn man, nachdem man sich in dieser Art angeeignet hat das Zusammengewachsensein mit den Phänomenen als solchen, dann sich an solche Phänomene der Außenwelt erinnert, dann tritt einem vor allen Dingen ein vollgesättigtes Bild in der Erinnerung auf, während man ja deutlich merkt, daß die Erinnerungsvorstellungen der meisten Leute unserer heutigen Kultur außerordentlich stark an die Wortvorstellungen gebunden sind. Indem man die Möglichkeit gewinnt, nicht an Wortvorstellungen sich zu halten, die doch im Grunde genommen die Erinnerung nur so gestalten, daß sie aus uns heraus den letzten Zusammenhang wie aus dem Unterbewußten in das Bewußtsein herein drängen, je mehr man dazu gelangt, bildhaft schon die Erinnerung zu haben, je mehr man zum Beispiel dazu gelangt – sagen wir, wenn man als bubiger Nichtsnutz dieses oder jenes Spiel getrieben hat, diese oder jene Neckerei ausgeführt hat –, daß man sich wirklich sieht im Bild, wie man das tut, wie man den anderen zupft – man sieht sich selber, wie man den anderen am Ohrläppchen nimmt, wie man ihm eine herunterhaut und so weiter –, wenn da nicht bloß verblaßte Erinnerungen auftreten, sondern tatsächlich scharf konturierte Bilder, denen gegenüber man aber die innere Freiheit so erhält, wie sonst den gewöhnlichen Erinnerungsvorstellungen gegenüber, und wenn man merkt, wie an solchem Erinnern die Interessiertheit an der Außenwelt wächst, wie, ich möchte sagen, das intime Zusammenleben mit allerlei kleinen Details der Außenwelt in diesen Bildern hereindringt in unser Bewußtsein, wenn wir, nicht deshalb, weil das *unsere* Erinnerungen sind, sondern weil sie auftreten, ich möchte sagen, so objektiv wie sonst ein Erlebnis – nicht wahr, Sie werden mich verstehen, wenn ich solche Ausdrücke gebrauche. Es geschieht aus dem Grunde, weil unsere Sprache heute eben noch nicht allgemein brauchbare Worte hergibt, und weil man durch allerlei groteske Worte versucht, gerade scharf hinzuweisen auf das, um was es sich hier handelt –: wenn wir in der Lage sind, das Gefühl zu haben, solche Erinnerungen *streicheln* zu können oder solche Erinnerungen *furchtbar ärgern* zu können, wenn überhaupt das Seelenleben so lebendig wird in solchen Bilderinnerungen, wie es werden kann, wenn das Erleben der Außenwelt selbst da ist, dann hat man die Kraft verstärkt, welche man braucht, um nun das, was imaginative Vorstellungen sind, in der richtigen Weise im Bewußtsein festzuhalten.

Und dann kann man daran gehen, immer wieder und wiederum die Übung zu machen, solche Imaginationen fortzuschaffen, so daß man gewissermaßen in das leere Bewußtsein immer wieder und wiederum untertaucht. Es ist eine Übung, die außerdem in einem stark das Gefühl der inneren Freiheit lebendig macht, wenn man durch Willkür solche Vorstellungen im Bewußtsein präsent macht, dann wiederum herausschafft und auf diese Weise eine Art inneren Rhythmus im Meditieren, im Konzentrieren, im Aufstellen von Vorstellungen und Fortschaffen von Vorstellungen hervorruft. Man ruft dadurch eine starke innere Beweglichkeit der Seele hervor, das gerade Gegenteil jener Seelenverfassung, die bei Psychopathen jeglicher Art vorhanden ist. Es ist wirklich das genaue Gegenteil, und diejenigen, welche das, was ich hier eben beschreibe, mit irgendwelchen psychopathischen Zuständen vergleichen, zeigen nur, daß sie eben keine Vorstellung von der Sache haben.

Wenn man dann dazu kommt, auf diese Weise das Vergessen auch zu verstärken, wenn man also dieselbe Tätigkeit, die sonst unwillkürlich im Vergessen ausgeübt wird, wenn man diese, sagen wir, negative Tätigkeit nun auch wirklich durch Willkür geregelt innerlich auszuüben vermag, dann erst merkt man, wie das, wovon man vorher wußte, es ist Bild der Wirklichkeit, es ist Imagination, jetzt erfüllt wird von dem, was uns zeigt: dasjenige, was da im Bilde auftritt, ist Realität, geistige Realität. Man ist gekommen bis zu jenem Abgrunde, der einem gewissermaßen von der anderen Seite des Daseins entgegenleuchten läßt die geistige Realität, die aller äußeren physisch-sinnlichen Realität eben doch mit eingegliedert ist. So sehen Sie, daß es eigentlich zunächst nötig ist, sich in klarer Art an der Außenwelt den Sinn anzueignen, den man haben muß, um ein richtiges Verhalten zu diesen Imaginationen zu haben. Wer über Phänomene nur spekulieren will, gewissermaßen sie durchstechen will und dahinter dasjenige, was erst die reale Wirklichkeit sein soll, erspekulieren will, der wird geschwächt in der Kraft des Festhaltens von Imaginationen und auch des Behandelns von Imaginationen.

Wenn man nunmehr dazu gelangt, überzugehen zu dem inspirierten Leben, das heißt, die Realität der geistigen Welt ebenso zu erleben, wie man sonst durch seine äußeren Sinne die physische Welt erlebt, dann tritt jenes Eigentümliche auf, durch das man sich sagt: Ja, eigentlich verstehst du jetzt erst dasjenige, was Erinnerung bedeutet. Erinnerung bedeutet eigentlich, daß deine an den Erlebnissen gewonnenen Vorstellungen in deinem Organismus untertauchen und da im Organismus tatsächlich – das ist vergleichsweise gesprochen, aber der Vergleich ist eine Art von Terminus, er ist mehr als ein Vergleich, er bezeichnet in gewisser Weise durchaus den Inhalt der Tatsache – wirken wie ein Spiegel in bezug auf die vor dem Spiegel befindlichen Gegenstände.

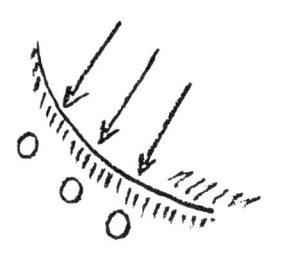

Es wird aufgehalten dasjenige, was vorgestellt wird, von dem Organismus, während der Spiegel im Unterschied davon daran gebunden ist, das immer zurückzustrahlen, was vor ihm ist. So besteht für den Menschen die Möglichkeit, die Spiegelung in eine willkürliche zu verwandeln, das heißt, aus dem ganzen Organismus herausspiegeln zu lassen, vor allem aus dem Nervenorganismus heraus dasjenige, was er seiner Erinnerung anvertraut hat. Dadurch, können wir sagen, wird dasjenige, was als Vorstellungen aufgenommen ist von dem Organismus, festgehalten so, daß man nicht dahintersehen kann, wie man ja hinter den Spiegel auch nicht sehen kann. Man bekommt in der Tat den Eindruck: Indem du hinschaust innerlich auf deine Erinnerungen, mußt du dir sagen, der Umstand, daß du ein Erinnerungsvermögen hast, verhindert dich, dich in dich selbst hineinschauend zu versenken. Du kommst nicht in dein Inneres herein, wie du nicht hinter den Spiegel kommst mit deinem Sehen der gespiegelten Gegenstände.

Es ist dasjenige, was ich Ihnen sage, natürlich durch Vergleiche ausgesprochen. Aber die Vergleiche stellen eben wirklich auch den Tatbestand dar, und das, sehen Sie, merkt man daran, daß in dem Augenblicke, wo jetzt durch die Inspiration die Imaginationen sich einem als Bilder einer geistigen Realität zeigen, für diese Imaginationen der Spiegel wegfällt. Jetzt beginnt, wenn das imaginative Vorstellen zum inspirierten sich erhebt, die Möglichkeit, sich zu durchschauen, und da erst tritt einem das menschliche Innere entgegen in demjenigen, was eigentlich sein geistiger Aspekt ist. Aber was lernt man da kennen?

Nun, man bekommt oftmals, und zwar von einem gewissen Gesichtspunkt aus durchaus mit Recht, wenn man solche Mystiker liest, sagen wir wie die Heilige Therese, wie Mechthild von Magdeburg und so weiter, außerordentlich schöne Vorstellungen, denen gegenüber man in eine wahrhaft devotionelle Stimmung kommen kann. Für den, der nun anfängt, das zu durchschauen, von dem ich eben jetzt hier gesprochen habe, hören gerade solche mystische Schauungen auf, dasjenige zu sein, was sie für den nebulosen Mystiker sehr häufig sind. Denn derjenige, der nicht durch ja auch im Grunde genommen abnorme Zustände, wie sie bei solchen Mystikern vorhanden sind, sondern durch Ausbildung seines Erkenntnisvermögens, wie ich es geschildert habe, zu dieser Innenschau kommt, der lernt nicht nur dasjenige so schildern, was er im Augenblick bekommt, wie es die Mechthild von Magdeburg oder die Heilige Therese und so weiter tun, sondern er lernt dasjenige erkennen, was das Innere der menschlichen

Organisation ist. Mag das den nebulosen Mystikern noch so nüchtern erscheinen, was ich jetzt an Stelle ihrer mystischen Nebelbilder setze, das ist doch die Wahrheit, der man eigentlich zustreben muß, wenn man wirkliche Erkenntnis haben will, und nicht Berauschung in innerer Mystik. Man lernt jetzt erkennen, weil der Spiegel weg ist, man lernt innerlich anschauen Lunge, Zwerchfell, Leber, Magen. Man lernt die menschliche Organisation innerlich erkennen, und man lernt da auch erkennen, wie im Grunde genommen solche Mystiker wie Mechthild von Magdeburg oder wie die Heilige Therese auch, aber jetzt durch gewisse abnorme Zustände, das Innere schauten, nur daß sich ihnen dieses Innere im Schauen umgab mit allerlei Nebeln. Den Nebel schildern sie dann, durch den der wahre Geistesforscher durchdringen muß.

Es ist ja natürlich für den Menschen, der auf solche Dinge nicht eingehen kann, etwas, ich möchte sagen, Schockierendes, wenn irgend jemandem – wir wollen das als Hypothese annehmen – vorgelesen würde ein erhabenes Kapitel aus der Mechthild von Magdeburg, und es würde ihm dann der wahre Geistesforscher sagen: Ja, das sieht man wirklich, wenn man darauf kommt, seine Leber oder seine Niere innerlich anzuschauen. – Aber es nützt nichts, es ist so. Ich sage für denjenigen, der die Sache anders haben möchte: Es nimmt sich die Sache so aus. – Aber für den, der die ganze Sache durchschaut, beginnt dann erst recht das richtige Verhältnis zu den eigentlichen Weltengeheimnissen. Denn er lernt jetzt erkennen, aus welchen tiefen Untergründen des Daseins gerade dasjenige hervorgegangen ist, was diese menschliche Organisation ist, und er lernt erkennen, wie wenig man weiß von menschlicher Leber, von menschlicher Niere, von anderen Organen ganz zu schweigen, wenn man bloß den Leichnam aufschneidet oder meinetwegen auch bei Operationen den lebendigen Menschen aufschneidet und von der einen Seite diese menschliche Organisation anschaut. Es ist eben durchaus die Möglichkeit vorhanden, nicht nur von dieser äußeren materiellen Seite die menschliche Organisation zu durchschauen, sondern sie innerlich zu durchschauen. Nur hat man dann geistige Entitäten im Bewußtsein, und man hat sogar solche geistige Entitäten im Bewußtsein, die einem zeigen, daß der Mensch, wie er da mit seiner Organisation steht, eben durchaus nicht ein so in der Welt alleinstehendes Wesen ist, das man umfassen kann, wenn man es eingeschlossen denkt in seiner Haut. Sondern im Grunde genommen ist, wenn auch in einem etwas anderen Sinne, die Sache so, daß man jetzt durch eine solche Erkenntnisart die Entdeckung macht, daß geradeso wie der Sauerstoff, den ich jetzt in mir habe, vorhin noch draußen war und jetzt in mir arbeitet, so ist, wenn auch ausgedehnt auf lange Zeiträume, dasjenige, was in mir als innere Organisation, als Leber, als Niere und so weiter arbeitet, aus dem Kosmos herausgestaltet, hängt zusammen mit dem Kosmos. Ich muß auf den Kosmos und seine Konstitution hinsehen, wenn ich verstehen will, was in Leber, Niere,

Magen und so weiter lebt, wie ich auf den Kosmos hinsehen muß mit seiner Luft, wenn ich verstehen will, was eigentlich das ist als Substanz, was da in meiner Lunge arbeitet, dann in meine Blutzirkulation weiter allerlei trägt und so weiter. Man lernt eben nicht nur kennen, wenn man so durch wahre Geistesforschung vorrückt, etwa irgendwelche engbegrenzten Bilder der einzelnen menschlichen Organe, sondern man lernt Zusammenhänge erkennen, man schaut Zusammenhänge der menschlichen Organisation mit dem Kosmos.

Jetzt ist es von ganz besonderer Wichtigkeit, daß man eines nicht übersieht, daß man zu einem Erlebnisse kommt, das ich Ihnen nur, ich möchte sagen, in seiner schlicht-symbolischen Weise hier im Bilde vorführen kann. Wenn wir dasjenige zusammennehmen, was wir in diesen Tagen und Stunden betrachtet haben, so können wir folgende Vorstellungen uns bilden. Unsere Sinne sind in gewisser Beziehung, wie ich gesagt habe, Golfe, durch welche die Außenwelt mit ihren Geschehnissen in uns hineinfließt. Dann setzen sich aber diese Sinne fort nach unserem Inneren, und ich habe Ihnen beschrieben, wie der Mensch dazu kommt, allmählich diese Tätigkeit, die ja mit Bezug auf das mehr gegenüber den Sinnen innen Gelegene vorhanden ist, subjektiv zu sehen – diese Tätigkeit, die gewirkt hat seit der Geburt auf das Nervensystem, dieses Formende, dieses Bildende –, wie er sie subjektiv als die Rückschau auf das Leben hat, als Lebenspanorama, wie er da entdeckt in der Konfiguration des Nervensystems, daß dieses Nervensystem selbst die äußerlich realisierten, physisch-sinnlich realisierten Bilder desjenigen darstellt, was eigentlich seelisch-geistig ist, so daß man sagen kann, man erlebt die Imagination und man erlebt dann, wie die Imagination sich auslebt im Formen der Nervensubstanz. Natürlich ist das nicht so im groben Sinne zu nehmen, weil ja die Nervensubstanz auch schon bearbeitet wurde vor der Geburt. Ich werde darauf morgen noch zu sprechen kommen. Aber im wesentlichen gilt doch das, was ich sage. So daß wir also sagen können: Ja, da hinein setzt sich also die Tätigkeit fort, man merkt ganz genau, wie sich da die Tätigkeit fortsetzt. Es ist diejenige Tätigkeit, die sich gewissermaßen eingräbt in das Nervensystem. Für diejenigen Teile des Nervensystems, die fertig ausgebildet sind, ist dieses Eingraben ein Durchlaufen der Nervenbahnen, für dasjenige, was namentlich im Kindesalter noch plastisch ist, ist es ein wirkliches Ausplastizieren, ein noch aus den Imaginationen heraus erfolgendes Bilden. Dem steht dann gegenüber das übrige der menschlichen Organisation, von dem ich noch sprechen werde, dasjenige, was Träger ist der Muskeln, Träger der Knochen und so weiter oder andere Träger desjenigen, was das Nervensystem ist, das Ganze des organischen Gewebes. Dann aber kann man folgendes erleben, und um Ihnen noch klarer zu machen, wie dieses Erlebnis ist, möchte ich Ihnen von folgendem sprechen.

Ich habe einmal vorgetragen für die Anthroposophische Gesellschaft dasjenige, was ich genannt habe in den Vorträgen «Anthroposophie». Ich habe damals soviel vorgetragen von dieser Anthroposophie, als sich eben meiner Geistesforschung ergeben hatte. Es wurden dann diese Vorträge gedruckt verlangt, und ich ging daran, die Sache niederzuschreiben. Im Niederschreiben wurde wiederum etwas anderes daraus. Nicht daß irgend etwas in dem, was zuerst gegeben war, verändert worden wäre, sondern es wurde nur notwendig, einiges hinzuzufügen, was weitere Erklärungen abgab. Aber es wurde auch nötig, die Sache noch genauer zu formulieren. Das nahm ein Jahr in Anspruch. Nun kam wiederum eine Gelegenheit. Es wurde wiederum die Generalversammlung in der Gesellschaft abgehalten. Da sagten denn die Leute, bei der Generalversammlung sollten nun doch die «anthroposophischen» Vorträge verkauft werden, also müßten sie fertig werden. Ich hatte dann angekündigt für diese nächste Generalversammlung einen anderen Vortragszyklus, und verschickte die ersten Bogen dieser «Anthroposophie» an die Druckerei. Sie wurden auch sofort gedruckt. Ich dachte, ich würde nun weiterschreiben können. Ich schrieb auch eine Zeitlang weiter. Aber es ergab sich immer mehr und mehr die Notwendigkeit, weiteres hinzuzufügen zu den genaueren Erklärungen. Das ganze endete dann damit, daß eine ganze Anzahl von Bogen gedruckt waren. Bis dahin hatte ich geschrieben. Ein Bogen kam dann so, daß die sechzehn Seiten nicht mehr voll wurden, sondern nur noch, ich glaube, dreizehn oder vierzehn voll waren. Die anderen waren weiß, und ich sollte weiterschreiben. Mittlerweile hatte sich mir ergeben – es gab auch andere Gründe für das ganze, aber ich will jetzt einen der Gründe, die das Ereignis hervorgerufen haben, eben jetzt mit Bezug auf das, um was es sich hier handelt, Ihnen anführen – es kam die Zeit, in der ich mir sagte: Um die Sache nun wirklich so, wie ich sie jetzt nach einem Jahre haben müßte und haben will, zu Ende zu führen, dazu ist es notwendig, nun im genaueren auszubilden eine gewisse Vorstellungsweise, eine besondere Ausarbeitung des imaginativen, inspirierten Erkennens, und gerade mit Bezug auf diese anthroposophischen Fragen diese Erkenntnisart anzuwenden. Da ging ich denn daran, erst etwas Negatives zu machen: die ganze «Anthroposophie» liegen zu lassen. Sie liegt heute noch so, wie sie dazumal, viele Bogen schon, gedruckt war, und ich dachte daran, zunächst eben die Fortsetzung nun auch wirklich zu erforschen. Da machte ich dann gründlich Bekanntschaft mit etwas, was ich Ihnen jetzt schildern möchte. Ich kann es Ihnen nur schematisch schildern. Aber dasjenige, was ich Ihnen schematisch schildere, ist eine große Summe von inneren Erlebnissen, die eigentlich Erkenntnismethoden in der Erforschung des Menschen sind.

Es zeigte sich nämlich immer klarer und klarer, daß man eine Anthroposophie, wie sie dazumal intendiert war, erst dann vollenden kann, wenn man innerlich anschauend darauf kommt zu sehen, wie man dasjenige, was man da wirklich in innerer Schau als geistig-seelische Tätigkeit arbeitend im Nervensystem erblickt, so weit fortsetzen kann, bis man innerlich hier an einen Punkt kommt – der Punkt ist eigentlich eine Linie, die in vertikaler Richtung liegt, aber ich will hier die Sache nur schematisch geben, der Punkt liegt für gewisse Erscheinungen weiter oben, dann weiter tiefer und so weiter, das im einzelnen zu schildern wird vielleicht bei diesen Vorträgen nicht möglich sein, ich will nur gewissermaßen einen Querschnitt durch das ganze führen –, bis man zu diesem Punkt kommt, wo man dann deutlich merkt, die ganze von außen nach innen vorrückende geistig-seelische Tätigkeit, die man erfaßt im Imaginieren und Inspirieren, die kreuzt sich. Aber indem sie sich kreuzt, ist man dann nicht mehr frei in der Ausübung dieser Tätigkeit. Man ist ja vorher auch nicht ganz frei, wie ich geschildert habe. Jetzt wird man noch unfreier. Man merkt, daß das ganze eine Veränderung erfährt. Man läuft ein in ein stärkeres

Festgehaltenwerden im imaginativ-inspirierten Vorstellen. Konkret gesprochen, wenn man dasjenige, was Sinneswahrnehmung und deren verstandesmäßige Fortsetzung für das Auge ist, im imaginativ-inspirierten Vorstellen auffaßt und dadurch zu der Imagination des Sehorgans kommt, wenn man also dazu kommt, durch Imagination, die durchinspiriert ist, das Sehorgan aufzufassen, dann setzt sich diese Tätigkeit nach dem Inneren fort, dann tritt hier eine Kreuzung ein, und dann umfaßt man mit der Tätigkeit, mit der man erst hier das Auge umfaßt hat, ein anderes Organ. Es ist im wesentlichen die Niere.

Und so für die anderen Organe. Man findet immer, wenn man diese imaginativ-inspirierte Tätigkeit nach dem Inneren des Menschen fortsetzt, daß man dasjenige, was eben schon fertige Organe sind – in ihrer Anlage wenigstens vollständig fertig, wenn der Mensch geboren ist –, gewissermaßen umgreift mit dieser inspirierten Imagination und so zur wirklichen Innenschau des menschlichen Organismus vorrückt. Es ist eine ganz besondere Schwierigkeit, und da ich dazumal nun nicht bloß das Buch fertigschreiben sollte, sondern nun noch einen anderen Vortragszyklus, der wiederum Forschungen nötig hatte, halten sollte, so können Sie sich denken, daß es nicht leicht war, mit dieser damals ausgebildeten Methode – es ist jetzt viele Jahre her – dazumal fertig zu werden.

Ich muß nur noch erwähnen, die Schwierigkeit besteht nämlich darin, daß man zunächst immerfort zurückgeworfen wird. Dieses wirkliche Fortsetzen ist etwas, wo man schon die innere Kraft sehr zusammenhalten muß, wenn man es zuwege bringen soll. Man muß tatsächlich sich immer wieder und wiederum vornehmen, ich möchte sagen, die Kraft des Vorstellens, des inneren Arbeitens in der Seele an der Liebe zur äußeren Natur zu verstärken, intensiver zu machen. Sonst wird man immer leicht einfach zurückgeschlagen. Man merkt, man geht in sich hinein, aber man wird immer wieder zurückgestoßen,

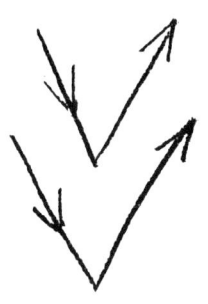

und man bekommt eigentlich statt etwas, was ich mit dieser Innenschau bezeichnen möchte, dieses, was nicht richtig ist. Man muß das überwinden, was sich da als ein Zurückschlagen entwickelt.

Nun, ich wollte Ihnen die Geschichte erzählen aus dem Grunde, damit Sie sehen, daß der Geistesforscher schon hinweisen kann auf diejenigen Momente, wo er mit gewissen Problemen der Geistesforschung ringt. Leider ist ja in den Jahren, die dann auf das Ereignis gefolgt sind, das ich erzählt habe, meine Zeit durch alles mögliche insbesondere in den letzten Jahren so ausgefüllt worden, daß dasjenige, was ich als eine besonders notwendige, eigentlich unerläßliche Tätigkeit bezeichnen müßte, das Zuendeschreiben dieser «Anthroposophie», nicht hat zustande kommen können. Denn jedesmal, wenn sich ein bißchen die Aussicht bietet, daß die «Anthroposophie» weiter gefördert werden soll, dann werde ich zu dem oder jenem geholt, dann ist das oder jenes notwendig, dann muß in diesem oder jenem Gebiet unserer jetzigen Tätigkeit diese oder jene Sitzung gehalten werden. Das sind alles Dinge, die durchaus selbstverständlich auch notwendig sind. Aber einiges wäre schon zu tun, wenn die Anzahl der Persönlichkeiten immer größer und größer würde, welche mit uns an den anthroposophischen und sozialen Aufgaben arbeiten würden, damit die wenigen Persönlichkeiten, die heute im Zentrum wirklich eigentlich Kräfte aufwenden müssen, die sie gar nicht haben, erstens in fruchtbarer Arbeit sich entfalten könnten, und dann auch, damit sie ein wenig – was sie sehr nötig haben! – entlastet würden. Wir haben es gar sehr notwendig, daß namentlich all das Unsachliche, dasjenige, was sich in solchen Dingen abspielt, wie Sie sie gerade während Ihrer jetzigen Anwesenheit beobachten können, was zutage tritt bei solchen Schmutzlingen, wie sie sich jetzt als Verleumder ringsherum geltend machen, was aber doch eben eine Abwehr notwendig macht in unserer jetzigen Zeit, wo die Menschen, die frei sein wollen, so suggestiv beeinflußbar sind durch solche Negationen des Lebens, es wäre schon notwendig, daß wir Unterstützung erhielten in demjenigen, was zur Herausarbeitung anthroposophischer Weltanschauung und zum Hineinfließenlassen anthroposophischen Denkens in das soziale Leben notwendig ist.

Sehen Sie, wenn Sie sich vorstellen, wie auf diese Weise im Grunde genommen hier oben dasjenige erschaut wird in einer, ich möchte sagen, mehr in der Abstraktheit festgehaltenen Form, was unten in ein Organ, in die Umklammerung eines Organs, das schon konkret da ist, sich einspinnt, dann werden Sie auch ermessen können, daß tatsächlich in einem solchen Durchschauen des menschlichen Organismus etwas liegt, was die Brücke schlagen kann auch zu den praktischen Betätigungen, die in dem Betrachten des Menschen und seines Verhältnisses zur Welt ihre Grundlage haben müssen. Ich habe Sie in anderem Zusammenhange schon darauf aufmerksam gemacht, wie man erkennen lernt, indem man einfach die Imagination in sich ausbildet, nicht nur die Sinnessphäre und ihre Fortsetzung in das Nervensystem hinein, sondern auch die Pflanzenwelt. Indem man zur Inspiration vorschreitet und dann ein solches Geistesforschen entfalten kann, lernt man zunächst die ganzen in der Tierwelt wirkenden Kräfte kennen. Man lernt aber auch manchen andere kennen, was in der Tierwelt nur seinen äußeren physisch-sinnlichen Ausdruck hat. Man lernt erkennen die Natur des Atmungssystems, begreift die äußere Gestalt dieses Atmungssystems aus diesen Verhältnissen heraus. Diese äußere Gestalt des Atmungs- und Zirkulationssystems ist nicht in unmittelbarer Weise ähnlich in ihrer äußeren Konfiguration dem Vorstellungsleben wie das Nervensystem, von dem ich Ihnen gestern hier zeigte, daß es so ähnlich ist, daß zwei auf verschiedenen Standpunkten stehende Leute ähnliche Bilder hinzeichnen konnten. Indem man so kennenlernt, parallel laufend die äußere Welt in ihren verschiedenen Reichen und den Menschen innerlich – und ich will morgen hinzufügen, was alles dieses innerliche Erkennen gibt für das weitere Durchschauen der ganzen menschlichen Wesenheit und Natur – und wenn man so den Menschen kennenlernt in seinem Zusammenhang mit seiner Umgebung, eröffnet sich eben sehr vieles, was an Beziehungen vorhanden ist vom Menschen zu seiner Umgebung. Es eröffnet sich zum Beispiel vor allen Dingen die Möglichkeit, die Wesenheit eines Organs, den Zusammenhang dieses Organs mit dem, was draußen im Reiche der Natur ist, auf diese Weise zu durchschauen, und dadurch auf rationelle Weise den Übergang zu finden von einer vergeistigten Physiologie zu einer wirklichen Therapie. Da gibt sich die Möglichkeit, dasjenige wieder auszubilden, was einstmals durch ein instinktives innerliches Anschauen gewonnen worden ist. Ich habe gesprochen vom Jogasystem, und ich könnte andere, ältere Systeme anführen, durch die auf instinktive, kindliche Art der Zusammenhang des Menschen mit der Umgebung geschaut worden ist. Im Grunde genommen rühren aus dieser Zeit noch therapeutische Anweisungen her, die vielleicht heute etwas verändert, aber noch immer zu dem Fruchtbarsten in der Therapie gehören. Die Therapie auszugestalten in einer Weise, wie wir sie brauchen, wird nur auf geisteswissenschaftlichem Wege möglich sein, und es wird durch das Durchschauen des Zusammenhangs der menschlichen Organe mit dem Kosmos wirklich dasjenige herauskommen, was eine nun nicht bloß auf äußerliches Experimentieren, sondern auf innerliches Anschauen gegründete Medizin ist.

Das wollte ich Ihnen nur als Beispiel dafür anführen, wie Geisteswissenschaft befruchtend in die einzelnen Wissenschaften hineinwirken muß. Wie dies heute nötig ist, das zeigt sich daran, wie auf der anderen Seite durch die äußerliche, empirische Forschung, die ja wirklich nicht müßig war, sondern ihrerseits das, was eben auf ihrem Boden möglich war, in großartiger Weise geleistet hat, überall Fragen aufgeworfen werden. Man nehme nur die äußere Physiologie, die äußere Pathologie und so weiter, die Fragen sind überall da. Derjenige, der mit hellen Sinnen die Sachen heute studiert, weiß, die Fragen sind da. Sie heischen Antwort, wie es schießlich auch auf dem Felde des äußeren Lebens ist. Die großen Fragen sind da. Sie heischen Antwort. Nun wohl, Geisteswissenschaft will nicht übersehen dasjenige, was Großes, Triumphales in den anderen Wissenschaften vorliegt. Sie will aber auch ihrerseits studieren, was für Fragen sich daraus ergeben, und sie will ihrerseits so exakt, wie das in den anderen Wissenschaften gelehrt werden kann, auf den Weg sich begeben zur Lösung desjenigen, was, auch für die sinnlich-empirische Forschung, doch nur durch geistige Forschung gefunden werden kann! Davon dann morgen weiter.

SIEBENTER VORTRAG

Stuttgart, 23. März 1921

Es liegt natürlich an der Kürze der Zeit, wenn ich manches von demjenigen, was ich mit Bezug auf das so umfassende Thema dieser Vorträge hier vorgebracht habe, nur ganz flüchtig skizzenhaft habe vorbringen können und namentlich, wenn ich gewisse Konsequenzen ja nur habe andeuten können. Es sollen eben einfach einige Anregungen gegeben werden über Vorstellungen, die, ich möchte sagen, am Eingange in die anthroposophische Geisteswissenschaft liegen und Sie werden ja aus dem Vorgetragenen das deutliche Gefühl bekommen haben, daß alles, was hier angeschlagen worden ist, durchaus einer weiteren Ausführung bedarf.

Ich habe von dem gesprochen, was sich als besondere Erkenntnisarten durch eine gewisse innere menschliche Seelenarbeit an das alltägliche menschliche Erkennen und auch an das gewöhnliche wissenschaftliche Erkennen anschließt, und ich habe die beiden Erkenntnisarten, von denen ich zunächst gesprochen habe, genannt die imaginative Erkenntnis und die inspirierte Erkenntnis. Ich habe gestern zu zeigen versucht, wie durch dieses Zusammenwirken der imaginativen und der inspirierten Erkenntnis bei Berücksichtigung eines gewissen Erlebnisses, das ich gestern als eine Art innerliches Bewußtseinskreuzungsverhältnis geschildert habe, ein Erkennen des Menschen im Zusammenhang mit dem Erkennen der Umwelt eintreten kann. Wenn nun dasjenige, was man erlebt mit Bezug auf diese inspirierte imaginative Erkenntnis, durch die Fortsetzung gewisser Übungen, die Sie in meinen Büchern beschrieben finden, weiter ausgebildet wird, so entsteht dann etwas, wofür man in einer gewissen Beziehung auch schon im gewöhnlichen Leben einen Namen hat – und das ist durchaus bezeichnend –, es entsteht für den, der in höherer Erkenntnisübung drinnensteht, dasjenige, was er in ganz demselben Sinne, wie er von Imaginationen und Inspiration spricht, Intuition nennen kann. Intuition ist ja ein Wort, welches auch für eine allerdings nicht scharf konturierte, sondern mehr gefühlsmäßige Erkenntnis schon im gewöhnlichen Leben angewendet wird. Allerdings diese Intuition, von der man sehr häufig spricht, die eine dunkle Art von Erkenntnis ist, meint der Geistesforscher nicht, wenn er seinerseits von Intuition spricht, obwohl durchaus eine Berechtigung vorliegt, das unentwickelte Dunkle des gewöhnlichen intuitiven Vorstellens sich zu denken als eine Art von Vorstufe desjenigen, was in der wirklichen Intuition erreicht wird. Die wirkliche Intuition ist aber dann eine ebenso von innerlicher Bewußtseinsklarheit durchdrungene Vorstellungsart und Seelenverfassung – wiederum muß ich das mathematische Denken heranziehen – wie das mathematische Denken. Es wird ja namentlich diese Intuition erreicht durch eine Fortsetzung desjenigen, was ich die Übungen zur Erlangung des Vergessens nannte. Diese Übungen müssen so fortgesetzt werden, daß das Vergessen zu einer Art von unegoistischem Selbstvergessen wird. Wenn diese Übungen dann systematisch exakt fortgesetzt werden, so entsteht eben dasjenige, was Intuition in diesem höheren Sinn von dem Geistesforscher genannt wird. Es ist dasjenige Erkennen, in das die inspirierte Imagination zuletzt einläuft.

Ich muß, bevor ich mit meinen Auseinandersetzungen weitergehe, noch, um nicht Mißverständnisse hervorzurufen, das Folgende betonen. Ich kann mir nämlich leicht vorstellen, daß irgend jemand gegen dasjenige, was ich zuletzt gestern vorgebracht habe, einen gewissen Einwand erhebt. Ich kann Ihnen die Versicherung geben, mögliche Einwände werden von demjenigen, der gerade gewissenhaft als Geistesforscher vorgeht, immer selbst gemacht. Das ist gerade etwas, was der hier gemeinten Geistesforschung eigen sein muß, daß man, ich möchte sagen, bei jedem Schritte, den man vorrückt, immer außerordentlich sorgfältig darauf achtgibt, aus welcher Ecke die Einwände herkommen können und wie sich diesen Einwänden begegnen läßt. Ich kann mir leicht den Einwand denken, daß jemand sagt: Nun ja, was da gestern gesagt worden ist von diesem Kreuzungserlebnis beim Nachinnen-Schauen, von diesem Umfassen der inneren Organisation des Menschen, kann ja durchaus auf einer Täuschung beruhen. Denn gerade der Geistesforscher, wie er hier gemeint ist, der ja, wie Sie deutlich gesehen haben, in äußerer Wissenschaftlichkeit kein Dilettant sein darf, wird ja selbstverständlich einiges wissen von der inneren

Organisation des Menschen aus der gewöhnlichen Anatomie und Physiologie, und man könnte dann leicht glauben, daß er sich gewissen Selbsttäuschungen hingibt, indem er dasjenige, was er schon durch die äußere Wissenschaft weiß, seinem Schauen einfügt. – Nun, alle Selbsttäuschungen sind etwas, was der Geistesforscher durchaus in das Gehen seines Weges einbezieht, und der Einwand, der hier etwa aufgeworfen werden kann, erledigt sich ja dadurch, daß dasjenige, was man da bei dieser Innenschau in dem menschlichen Organismus wahrnimmt, durchaus verschieden ist von dem, was man irgend wissen kann durch äußere Anatomie oder äußere Physiologie. Dasjenige, was man als innere Organisation wahrnimmt, ist ja durchaus etwas, was man nennen könnte das Anschauen des vergeistigten menschlichen Inneren. Das einzige, worin einem die gewöhnliche Physiologie und Anatomie helfen kann, ist, ich möchte sagen, eine Art mathematischer Punkt. Höchstens daß man irgendwie einen Anhaltspunkt hat, wodurch man dasjenige, was man nun wirklich als eine ganz selbständige, durch Schauen errungene geistige Wahrnehmung in der Seele hat, was also durchaus einen in sich selbst bestimmten Inhalt hat, den man auf dieser Stufe des Erkennens erst eben wahrnehmen kann – wodurch man das, wenn es zum Beispiel das der Lunge entsprechende Innere ist, leichter auf die Lunge wird beziehen können, wenn man schon etwas von der Lunge durch äußere Physiologie und Anatomie weiß, als wenn man nichts davon weiß. Dagegen sind die beiden Dinge, der Inhalt der inneren Anschauung des Lungenwesens und dasjenige, was man aus äußerer Physiologie und Anatomie weiß, zwei durchaus verschiedene Inhalte, die man erst nachträglich zusammenzufügen hat, die gerade zeigen, wie sich auch auf dieser Stufe des Erkennens wiederholt das Verhältnis, in das man eingeht, zwischen dem innerlich mathematisch Erfaßten und dem in der äußeren Anschauung, im physikalisch-mineralischen Felde Gegebenen.

Derselbe Unterschied, der vorliegt zwischen dem innerlich mathematisch Ergriffenen und dem in äußerer Anschauung Gegebenen, liegt vor zwischen dem, was man sich erringt auf dem Felde des inspirierten Imaginierens und demjenigen, was man von anderer Seite her durch äußere Forschung kennt. Es muß natürlich überall vorausgesetzt werden, daß absolute innere Bewußtseinsklarheit vorliegt. Steigt man nun weiter auf von dem inspirierten Imaginieren zu der Intuition, dann stellt sich etwas Ähnliches heraus, wie sich herausgestellt hat am Beginne unserer Betrachtung. Da haben wir uns gesagt: Durch die Sinne ragt wie durch Golfe die äußere Welt mit ihren Geschehnissen hinein, so daß wir in die Sinne hineinkonstruieren, wie wir etwa äußerlich die Welt mit unseren mathematischen Linien und Gebilden konstruieren. – Es ist also vorhanden ein Hineinragen, ein wirklich wesenhaftes Hineinragen der äußeren Welt in unsere räumliche innere Organisation auf dieser einen Seite unseres menschlichen Leibes. Wenn nun alles dasjenige, was ich beschrieben habe, gewissermaßen auf der anderen Seite zur Intuition kommt, dann hat man ein ähnliches Erlebnis. Man hat das Erlebnis, daß man vor allen Dingen jetzt weiß, alles das, was man da im Inneren des menschlichen Wesens erlebt, das ist etwas, was durchaus ein in sich selbst Unerklärliches, vielleicht besser gesagt, im Grunde Unfertiges ist. Wenn man durch Intuition sich selber kennenlernt, so ist man, solange man bei dieser Selbsterkenntnis bleibt, im Grunde genommen recht unbefriedigt. Beim inspirierten Imaginieren, wenn es sich auf die Selbsterkenntnis erstreckt, tritt ja eine gewisse Befriedigung ein. Man lernt erkennen, was rhythmische Systeme im Menschen sind. Es ist das ein schwieriges Erkennen. Es ist ein Erkennen, mit dem man eigentlich niemals fertig werden kann, weil es im Grunde genommen in unendliche Entwickelungen hineinführt. Aber man hat bei diesem Erkennen immerhin das innere Bewußtsein: Du lernst dich in deinem Zusammenhange mit der Welt kennen, du kannst ausbilden ganz bestimmte konkrete Erkenntnisse, wie ich gestern angeführt habe, zum Beispiel über den Zusammenhang des gesunden Organismus mit der kosmischen Umgebung, aber auch über den Zusammenhang des kranken Organismus mit der kosmischen Umgebung, und du kannst dadurch in einer gewissen Weise vordringen in das menschliche Innere selbst.

Ich möchte auch hier etwas anführen, was ich schon beim vorigen Kursus hier angeführt habe. Man kann zum Beispiel durchschauen durch dieses inspirierte Imaginieren, wie eigentlich die menschliche Organisation sich verhalten muß, damit sie aufnehmen kann so etwas wie ein Sinnesorgan. Nun ist die menschliche Organisation nach diesem Sinnesorgan hin, gewissermaßen nach außen hin, prädisponiert. Sie äußert sich so, diese menschliche Organisation, daß sie ein gewisses, wenn ich mich des Ausdruckes bedienen darf, Kräftesystem hinsendet nach jedem einzelnen Sinn. Man kann aber die Entdeckung machen, daß auf der anderen Seite, jenseits des Kreuzungsverhältnisses, das bei diesem Kräftesystem für irgendeinen Sinn vorhanden ist, in abnormen

Fällen ähnliche Tendenzen auftreten, so daß dasjenige, was ganz normal richtig durchorganisiert für das Sinneswerden sich herausstellt, gewissermaßen an einer falschen Stelle auftritt, so daß solch ein Kräftesystem eingegliedert ist irgendeinem menschlichen Organ, das nicht Sinnesorgan sein soll, das irgendeine andere Organisation haben soll. Dieses Eingegliedertsein eines Kräftesystems an einer anderen Stelle, also gewissermaßen das metamorphosische Auftreten eines Kräftesystems, das an einer bestimmten Stelle des menschlichen Organismus begründet ist, an einer anderen Stelle, bewirkt Abnormität im menschlichen Organismus. Und diese besondere Abnormität, von der ich hier gesprochen habe, hat zur Folge, daß an der Stelle, wo ein solches deplaciertes Kräftesystem auftritt, sich ergibt eine Geschwulst. Man kommt auf diese Weise darauf, dasjenige, was Goethe immer in seiner Metamorphosenlehre gesucht hat für einfachere Verhältnisse, in komplizierteren Verhältnissen innerhalb der Organisation wirklich zu entdecken. Man kommt darauf, zu erkennen, wie dasjenige, was als Kräftewachstumsverhältnis nach der einen Seite hin, also in einer gewissen metamorphosischen Form berechtigt ist, nach der anderen Seite hin die Veranlassung zu einer Krankheit wird. Versteht man nun aufzufinden, welche äußeren Kräfte in der Umgebung des Menschen, in den Reichen der Natur etwas zu tun haben mit denjenigen Kräften, die zum Beispiel der Sinnesorganisation zugrunde liegen – ich habe gesagt: Wenn man die Sinnesorganisation durch imaginatives Erkennen überschaut, und es kommt dann noch die Inspiration dazu, so überschaut man die Sache noch innerlich, und wenn man die Sinnesorganisation überschaut, kann man auch die vegetabilische Organisation überschauen, man bekommt eine Anschauung von dem Verhältnis der inneren Organisation zur äußeren Organisation –, findet man das, was in der äußeren Welt zugeordnet ist dieser Sinnesorganisation, findet man dafür das richtige Verhältnis, dann bekommt man eine Anschauung über das Heilmittel bei krankhaft metamorphosierter Kräftegestalt.

Sie sehen hier, wie sich erweitert dasjenige, was ich Ihnen geschildert habe, nicht phantasierend ins Blaßblaue hinein, um, sagen wir, eine nebulose Mystik zu gewinnen, welche dem Menschen eine gewisse seelische Wollust geben kann. Das ist eigentlich der hier gemeinten anthroposophisch orientierten Geisteswissenschaft fremd. Diese Geisteswissenschaft will ernsthaft, exakt in die wirklichen Verhältnisse der Welt eindringen. Mag man hier vieles heute – das muß ohne weiteres als berechtigt zugegeben werden – noch als sehr anfänglich bezeichnen, was auf diesem Wege geleistet werden kann, allein es hat doch manches, was ich zum Beispiel vorgetragen habe für Ärzte und Medizin-Studierende über Pathologisches, Therapeutisches im vorigen Frühjahrskursus, den ich nächstens fortsetzen werde, einen, wie ich glaube, auf die Zuhörer plausiblen Eindruck gemacht. Es hat auch den Eindruck gemacht, daß hier etwas vorliegt, was die äußere Beobachtung und das äußere Experimentieren durch das Anschauen der inneren Verhältnisse, des Naturwesens und des Wesens der Welt überhaupt, ergänzen und befruchten kann, und was durchaus so angesehen werden sollte von den Zeitgenossen, daß hier eine Bemühung vorliegt, dasjenige zu finden, wofür uns aus der äußeren Wissenschaft vielfach nur die Fragen vorgelegt werden, ohne daß sich irgendeine Möglichkeit zeigt auf dem Felde der äußeren Wissenschaft, wenigstens durchschaubare Antworten für diese Fragen zu finden.

Rückt man nun weiter in diesem Erkennen, das sich eben überall halten muß nicht abstrakt, sondern im konkreten Ergreifen des Geistig-Wirklichen, so kommt man zunächst eben darauf, sich zu sagen: Auf der anderen Seite der menschlichen Organisation liegt etwas ähnliches, wie es das Hereinragen der Außenwelt in die Sinnesorganisation ist. – Ich sagte: Wenn man mit der Intuition zur Selbsterkenntnis kommt, so erweist sich unbedingt dasjenige, was mit der Intuition als Selbsterkenntnis gegeben ist, als etwas Unfertiges, und man begreift es erst dann, wenn man einsieht, hier auf der anderen Seite ist in ähnlicher Weise das umgekehrte Verhältnis vorhanden wie auf der einen Seite

bei der Sinnesorganisation. Die Sinne sind gewissermaßen Golfe, in welche die Außenwelt mit ihrer Gesetzmäßigkeit hereinragt. Auf der anderen Seite liegt die Sache so, daß der ganze Mensch, der ja in der Intuition zum Sinnesorgan wird, jetzt hereinragt in die geistige Welt. Dort ragt die Außenwelt in den Menschen hinein, hier ragt der Mensch in die Außenwelt hinein, allerdings in die geistige Außenwelt. Deshalb ist es hier auch so, daß, während der Mensch da oben – ich habe das für die Augenorganisation ausgeführt – ein gewisses tätiges Verhältnis zu der Tiefendimension hat, er für die Intuition, zunächst, soweit er mit dieser Intuition in der Selbsterkenntnis bleibt, ein gewisses Verhältnis zur Höhendimension bekommt.

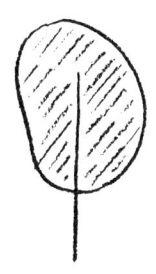

So ergibt sich etwas dem Sinneswahrnehmen ganz Analoges, nur eben umgekehrt. Es ergibt sich, daß der Mensch durch die Intuition sich in die geistige Welt als Ganzes hineinstellt. So wie durch die Sinne die äußerliche Sinneswelt hineinragt, so stellt er sich durch die Intuition in die geistige Welt bewußt hinein, und dieses bewußte Hineinstellen wird ebenso gefühlt von dem Menschen, wie der Mensch sich empfindungsgemäß der Außenwelt in der Wahrnehmung gegenüber fühlt. Und das Sich-Fühlen in der geistigen Welt, das dunkle Erlebnis des Darinnenstehens in der geistigen Außenwelt, das nennt man im gewöhnlichen Leben Intuition. Diese Intuition wird eben von heller Klarheit durchdrungen, wenn eine solche Erkenntnis angestrebt wird, wie ich sie geschildert habe. Dadurch können Sie aber ermessen, daß wir gewissermaßen an der einen Seite des menschlichen Verhältnisses zur Außenwelt die Wahrnehmung haben. An der anderen Seite haben wir für die Wahrnehmung auch etwas Unbestimmtes, was erst verarbeitet werden muß. So wie die Wahrnehmung durch den Verstand, durch die Vernunft verarbeitet wird und man dann in der Wahrnehmung Gesetze findet, so ist auf der anderen Seite etwas vorhanden, was zunächst zum Menschen in einem ebensolchen unbestimmten Verhältnis steht wie die Wahrnehmung, was dann aber erst behandelt werden muß, durchdrungen werden muß eben mit der inneren, jetzt errungenen Erkenntnis, wie früher die äußere Wahrnehmung durchdrungen werden mußte mit dem Mathematisieren, kurz, mit der durch das gewöhnliche Erleben zu erringenden inneren Erkenntnis.

Dasjenige, was man da hat zunächst im gewöhnlichen Erleben in der noch unbestimmten Intuition, das ist das Glaubenserlebnis. Geradeso wie der eine Pol des menschlichen Wesens, der sich zuwendet der äußeren Sinneswelt, das Wahrnehmungserlebnis hat, so hat der ganze Mensch durch sein dunkles Drinnenstehen in der geistigen Welt das Glaubenserlebnis, und so wie die Wahrnehmung durchstrahlt werden kann von Verstand und Vernunft, so kann dasjenige, was im unbestimmten, dumpfen Glaubenserleben liegt, durchhellt werden von der immer fortschreitenden Erkenntnis, und es wird dann dasjenige, was da Glaubenserlebnis ist, wissenschaftliches Ergebnis so, wie die Wahrnehmung wissenschaftliches Ergebnis durch die Bearbeitung am anderen Pole ist. So verhalten sich die Dinge. Dasjenige, was ich Ihnen hier schildere, ist eben durchaus ein Aufsteigen dazu, das gewöhnliche Glaubenserlebnis umzuwandeln durch innere geistige Arbeit in ein Wissens-, in ein Erkenntniserlebnis. Es ist zunächst für denjenigen, der da aufsteigt in diese Regionen, durchaus etwas Ähnliches, wenn er das Glaubenserlebnis umwandelt in das Erkenntniserlebnis, wie wenn er der Wahrnehmung gegenübersteht und diese bearbeitet mit dem mathematisch oder sonst irgendwie logisch Errungenen. Sie sehen, die Dinge gliedern sich innerlich ineinander, und es ist durchaus nicht irgend etwas Konstruiertes, was ich Ihnen hier vortrage, sondern es ist die Beschreibung desjenigen, was ebenso erlebt werden kann vom Menschen, wie er erlebt dasjenige, was sich entwickelt von der Kindheitszeit, wo man noch nicht den Verstand und die Vernunft gebraucht, bis zu derjenigen Lebensepoche, wo man eben Verstand und Vernunft gebraucht.

Nun sind aber mit all diesen Erlebnissen andere verbunden. Verbunden damit ist zum Beispiel das Folgende. In dem Augenblick, wo man zu dem inspirierten Erkennen vorrückt, hat man ja schon, wie ich Ihnen geschildert habe, dieses Lebenspanorama, welches zurückgeht bis in sehr frühe Kindheitszeiten, zuweilen bis zur Geburt. Man hat also ein innerliches Anschauen gewonnen. Aber erst, wenn das inspirierte Erkennen eintritt, dann tritt mit diesem inspirierten Erkennen, das ja gewissermaßen ein fortentwickeltes Vergessen ist, dasjenige ein, was ich charakterisieren muß als ein völliges Auslöschen derjenigen

Umgebung, die früher durch die Sinne wahrgenommen worden ist. Also tritt ein Zustand ein, wo das eigene Innere, und zwar das zeitliche Innere bis zur Geburt hin, Objekt wird, und wo man sich subjektiv, aber subjektiv wie innerlich leer zunächst, erfühlt nun eigentlich in der Außenwelt, nicht innerhalb seines Leibes, sondern in der Außenwelt. Erst wenn man es dazu gebracht hat, ich möchte sagen, dieses verstärkte Vergessen zu erreichen, wodurch wirklich die durch die Sinne gewonnene Außenwelt für die Augenblicke des Erkennens ausgelöscht wird, dann tritt durch die Verbindung dieses Erlebnisses mit dem intuitiv Errungenen dasjenige ein, was ich in der folgenden Weise charakterisieren muß.

Man hat da durchgemacht die Imagination. Man weiß, daß sich diese auf etwas bezieht. Aber man muß sich durchaus klar sein, daß sie zuerst auftritt mit Bildcharakter, daß sie sich zwar auf Realität bezieht, daß wir aber zunächst im Bewußtsein nur präsent haben das Bildhafte. Rückt man durch die Inspiration vor, so rückt man von dem Bildhaften zu dem dazugehörigen Geistig-Realen vor. Hat man den Moment erreicht, wo durch die Inspiration das äußere Sinneswahrnehmen völlig ausgelöscht wird, dann tritt ein Inhalt auf, der sich eigentlich jetzt erst zeigen kann. Es tritt der Inhalt auf, der sich deckt mit unserem Dasein vor der Geburt, oder besser gesagt vor der Konzeption. Wir lernen jetzt hineinschauen in unsere menschliche, seelisch-geistige Wesenheit, wie sie war, bevor sie sich bemächtigt hat aus der Vererbungsströmung heraus einer physischen Organisation. Also es füllt sich die Imagination aus mit einem real-geistigen Inhalt, der unser vorgeburtliches Leben darstellt. So charakterisiert, scheint das gewiß für viele Menschen der heutigen Zeit noch etwas Paradoxes zu sein. Allein man kann ja nicht mehr tun, als genau die Stelle angeben, wo im Erkenntnisprozeß eine solche Anschauung des geistig-seelischen Selbstes des Menschen auftritt, wo also dasjenige, was man sonst die Unsterblichkeitsfrage nennt, eigentlich erst einen wirklich realen Gehalt gewinnt. Es tritt dann allerdings auch ein genaueres Durchschauen des anderen Poles der menschlichen Organisation auf. Durchdringt man auf die Art, wie ich es geschildert habe, dasjenige, was zuerst intuitiver Glaube war, erhebt man das zur Erkenntnis, so tritt die Möglichkeit ein, die Imaginationen zu beziehen, obwohl in anderer Art wie das beim eben Geschilderten der Fall war, auf die Verhältnisse nach dem Tode. Kurz, es wird Anschauung dasjenige, was ich nennen möchte das Ewige im Menschen. Und entwickelt sich die Intuition zu dem Punkt, zu dem sie durchaus kommen kann, dann entwickelt man gewissermaßen innerlich erst das wahre Ich, und innerhalb dieses wahren Ich wird dann – das kann ich hier nur noch andeuten – anschaulich dasjenige, was ich immer nenne innerhalb anthroposophischer Geisteswissenschaft die Erkenntnis von den wiederholten Erdenleben. Die Erkenntnis, daß man ein geistig-seelisches Wesen war vor der Konzeption, daß man ein geistig-seelisches Wesen sein wird nach dem Tode, diese Erkenntnis ergibt sich dem inspirierten Imaginieren. Die Erkenntnis von den wiederholten Erdenleben ergibt sich erst der hinzugefügten Intuition.

Ebenso entdeckt man eigentlich erst, wenn man zu diesem Gebiete vorgedrungen ist, die volle Bedeutung von Aufwachen, Einschlafen und vom Schlafzustand überhaupt. Man entdeckt gewissermaßen durch jene Vertiefung, welche das Erkennen an dem Wahrnehmungspol erfährt, dasjenige, was als Erlebnis des Einschlafens sonst unbewußt ist. Und dann an dem anderen Pol, an dem Intuitionspol entdeckt man das Erlebnis des Aufwachens. Zwischen beiden das Schlaferlebnis. Ich möchte das nur noch in der folgenden Weise charakterisieren. Ich möchte sagen: Wenn der Mensch einschläft mit seinem gewöhnlichen Bewußtsein, so tritt ja der Zustand ein, wo das Bewußtsein völlig herabgedämmert, herabgedämpft ist. Dieses leere Bewußtsein, in dem der Mensch lebt zwischen dem Einschlafen und dem Aufwachen, ergibt für ihn die Anschauung eines Zustandes, von dem er ja von seinem eigenen subjektiven Gesichtspunkt aus nichts wissen kann. Der Zustand, in dem man beim inspirierten Imaginieren ist, ist durchaus ein ähnlicher. Genauso wie beim Schlaf schweigen die Sinne, schweigen die Willensimpulse. Es schweigt wie beim Schlaf dasjenige, was Anteil an der menschlichen subjektiven Betätigung hat, auch bei diesem inspirierten Imaginieren. Der Unterschied gegenüber dem Schlaf ist der, daß beim Schlaf das Bewußtsein leer ist, in diesem Zustand des inspirierten Imaginierens das Bewußtsein erfüllt ist, man tatsächlich in Unabhängigkeit von Sinneswahrnehmung und Willensimpuls innerliche

Erlebnisse hat, also gewissermaßen ein waches Schlafen vollführt und dadurch in die Möglichkeit versetzt wird, das Schlafleben eben zu studieren.

Verbunden mit diesen Erlebnissen ist noch etwas anderes, auf das ich nur aphoristisch eingehe – darauf habe ich hier heute morgen hinweisen können im historischen Seminar –, verbunden ist gerade mit denjenigen Erlebnissen, die ich jetzt hier geschildert habe, daß eben alle historischen Probleme eigentlich neu werden. Sie werden ja vielleicht schon einmal nachgedacht haben, oder es ist leicht darüber nachzudenken, was dasjenige, was wir heute in wissenschaftlichem Sinn Geschichte nennen, in solchen Geschichtsschreibern wie Herodot und so weiter doch nur Vorläufer hat, wie unsere Geschichtsschreibung eigentlich erst entstanden ist, als die besondere Verstandeskultur aufgekommen ist, die auch im Experiment ihre besondere Befriedigung hat, so daß man sagen kann: Was auf der einen Seite wissenschaftlich sich besonders befriedigt im Experiment, das befriedigt sich auf der anderen Seite in dem, was wir heute äußerliche Geschichtsschreibung, Geschichtswissenschaft nennen. – Diese Geschichtswissenschaft verfährt, von ihrem Gesichtspunkt aus ja mit Recht, historisch-empirisch, sammelt die Daten, versucht sich ein Bild des geschichtlichen Verlaufs aus diesen empirischen Daten zusammenzustellen. Allein man kann immer gegen eine solche Interpretation geschichtlicher Art der empirischen Tatsachen der Menschheitsentwickelung einwenden, die Dinge hätten ja auch anders sich abwickeln können, und ich habe heute morgen geradezu den Ausdruck gebraucht, es hätte zum Beispiel Dante als Knabe irgendwie sterben können, und wir würden dann durchaus vor der Möglichkeit stehen, daß wir das, was wir äußerlich empirisch in der Geschichtsbetrachtung an Dante erleben, innerhalb unserer Betrachtung doch mindestens, wie sie uns durch Dante entgegentritt, nicht darinnen haben können. Es entstehen tatsächlich für denjenigen, der sich nicht etwa mit innerlich gefaßten Tiraden des Erkennens begnügt, sondern der wahrhaft ringt nach Erkenntnis, bei der Anschauung des geschichtlichen Werdens außerordentliche Schwierigkeiten.

Es studieren zum Beispiel die Leute anhand der äußeren historisch-empirischen Tatsachen, sagen wir, die Reformation. Aber – ich kann nicht alle die einzelnen Dinge hier anführen, dazu reicht die Zeit nicht aus – Sie können sich recht leicht die Tatsachen zusammensuchen in philosophischer oder anderer Beziehung – es ist durchaus eben nicht von der Hand zu weisen: Wenn zum Beispiel der Mönch Luther früh gestorben wäre, ich möchte wissen, was dann eine Geschichtsschreibung von der Art, wie man sie eben als rein äußerliche empirische Geschichtsschreibung hat, verzeichnen würde! Doch etwas ganz anderes als man heute zu verzeichnen hat. Da entstehen ganz ernsthafte Schwierigkeiten für eine Charakteristik des geschichtlichen Erkennens. Und es handelt sich durchaus darum, einzusehen, daß es voll berechtigt ist, wenn man sagt: Derjenige, der nun anfängt Geschichtsphilosophie zu betreiben und uns entweder aus einer mehr oder weniger abstraktideellen Notwendigkeit den Ablauf der geschichtlichen Ereignisse, so wie er sie empirisch verfolgen kann, erklären will, oder der nach dem Muster der Strindbergiade eine Art von Absichtlichkeit entdecken will, dem muß man selbstverständlich einwenden, daß er eine solche Absichtlichkeit oder eine innere ideelle Notwendigkeit auch in dem finden würde, was sich abspielen würde anstelle desjenigen, was wir heute als Reformation anschauen, wenn der Mönch Luther als kleiner Knabe gestorben wäre und meinetwegen die anderen Reformatoren auch nicht dagewesen wären.

Diese Sachen müssen schon ganz sorgfältig ins Auge gefaßt werden, und eine Möglichkeit, mit diesen Dingen fertigzuwerden, ergibt sich eben gar nicht auf dem Felde der äußeren empirisch-historischen Beobachtung. Aber eine Beobachtung des menschlichen Werdens auf der Stufe eines solchen Erkennens, wie ich es Ihnen hier geschildert habe, ergibt doch etwas anderes. Die ergibt zum Beispiel – ich will ein konkretes Beispiel nennen –, daß etwa in der Mitte des 4. nachchristlichen Jahrhunderts Kräfte gewaltet haben in der europäischen Zivilisation, welche offenbar ganz anders sich darstellen würden für die äußere Geschichtsforschung, wenn in der Zeit, die etwa verflossen ist zwischen Konstantin und Julian dem Abtrünnigen, zu verzeichnen wäre irgendeine für die Kontemplation so mächtige Persönlichkeit wie Dante. Es liegt hier ein Problem vor – ich gestehe hier ganz offen, daß ich mit diesem Problem noch nicht fertig bin, aber dieses Problem kann weiter verfolgt werden –, es liegt hier ein Problem vor ganz konkreter Art. Ich bin insofern nicht fertig, als ich heute zu Ihnen nicht sagen kann, ob wichtige Urkunden, wichtige Dinge gerade in der Zeit, sagen wir um 340 oder 350, durch irgendeinen Vorgang verschwunden sind, so daß man von den wichtigsten Persönlichkeiten in der äußeren Geschichte nichts weiß, oder ob eben das eingetreten ist, daß eine solche wichtige Persönlichkeit in der Jugend gestorben ist oder viele solche wichtige Pesönlichkeiten in der sehr aufgeregten, sehr kriegerischen Zeit zugrunde gegangen sind. Das aber liegt vor, daß man sieht, da spielen Kräfte in dieser Zeit, die mit der äußeren Geschichte heute nicht verfolgt werden können, deren Verfolgung durch äußere Geschichte auch eben nur von dem glücklichen Umstand abhängen könnte, daß in diesem oder jenem Kloster noch irgendwelche Urkunden entdeckt würden. Für den Geistesforscher ist es aber ganz zweifellos, daß diese Kräfte spielen, daß sie da sind, und es bewährt sich da der Geistesforscher in einer Region historischer Betrachtungen, wo er eben gar nicht mehr angewiesen ist auf das Abstrahieren historischer Kräfte von äußeren Verhältnissen.

Wenn man auf Dante hinschaut – man macht sich mit ihm bekannt, man lernt ihn innerlich kennen, man sucht ihn in seiner Seele wieder lebendig zu machen, man macht sich auch mit den waltenden und werdenden Kräften der Dante-Zeit bekannt, das ist ein äußerliches Erkennen. Dasjenige, was der Geistesforscher anstrebt auch für die Dante-Zeit, das wird sich zwar noch etwas anders ausnehmen als dasjenige, was nur aus den äußeren Dokumenten, aus der «Commedia» und so weiter gebildet werden kann. Aber man kann ihm natürlich durchaus einwenden, daß er ja selbst konfundieren könnte dasjenige, was er durch äußere Wahrnehmung sich erringt, und dasjenige, was er durch innere Anschauung hat. Wo aber die innere Anschauung so wirkt, daß man ganz genau weiß, in irgendeinem Zeitalter, wie in dem bezeichneten, decken sich die äußeren Ereignisse gar nicht mit dem inneren Geschehen, da wirken wirklich Geisteskräfte, dann entwickelt sich die Sache so, daß man Geschichte schildert – ich habe gerade diesen Teil der Geschichte auch schon für einen gewissen Kreis von Zuhörern einmal geschildert –, indem man nur auf innerlich angeschaute Kräfte hinsieht. Man kommt ja dann darauf, wenn man diese Kräfte innerlich angeschaut hat, daß sie innerlich leben können oder einen durchdringen. Und hier für diese Zeit liegt die Sache so, daß es schon ein innerliches Erkenntniswunder sein müßte, wenn man ausphantasieren könnte, welche Kräfte eigentlich zum Beispiel in Julian dem Apostaten sich geltend machten, also etwas, was für dazumal nur geistig verfolgt werden kann.

Man erreicht da eine Stufe der historischen Betrachtungsweise, von der man sagen kann, man schaut unmittelbar die urgeistigen Kräfte des geschichtlichen Werdens, und man fühlt eine Erklärung des Werdens der Menschheit gerade in solchen Partien, wo Äußerliches, sei es im Schrifttum, sei es durch Menschen, die eben nicht voll sich ausgelebt haben, verlorengegangen ist, wo man mit dem innerlich Angeschauten auch der äußeren Geschichte nachhelfen muß. Gerade in diesem Erkenntnisergebnis kündigt sich zuerst an dasjenige, was dann mit Berechtigung dazu führt, von dem Geistig-Wesenhaften zu sprechen hinter denjenigen Erscheinungen, die im geschichtlichen Werden sind. Da ist der Punkt, von dem man aufsteigt, um dann von solchen Wesenheiten zu sprechen, wie ich sie darstellte in meinem Büchelchen «Die geistige Führung des Menschen und der Menschheit». Solch einem Darstellen, wie es gepflegt ist in meinem Büchelchen «Die geistige Führung des Menschen und der Menschheit», muß durchaus vorangehen diese Anschauung von etwas Geschichtlichem, das eigentlich auf äußerem geschichtlichem Wege nicht da ist. Erst dann fühlt man sich, wenn man überhaupt ein für seine Erkenntnis innerlich verantwortlicher Mensch sein will, berechtigt, eben aus der Anschauung heraus zu sagen: Es ist möglich, aufzusteigen aus dem gesunden Menschenverstand jetzt auf die Art, wie ich es wiederholt charakterisiert habe, zu demjenigen, was nun solche wirksamen Kräfte sind.

Nun werden Sie ja natürlich einwenden, dann könnte aber doch nur derjenige von solchen Wesenheiten sprechen, wie ich sie darstelle in «Die geistige Führung des Menschen und der Menschheit», der zu einer solchen Anschauung vorgedrungen ist. Mit der Betonung, daß er aus der Anschauung spricht, kann er allerdings erst auf dieser Stufe der Erkenntnis sprechen, aber es liegt ja das andere vor, was wichtig ist zu berücksichtigen: Wenn wir nur ehrlich überhaupt gerade in dem Geschichtlichen zu Werke gehen mit der Anschauung der Tatsachen, wenn wir vernünftig genug sind und philosophisch genügend geschult sind, um uns klarzumachen, welche Zweifel und Rätsel einem aufgegeben werden aus dem äußeren geschichtlichen Werden, wenn man sich dies ehrlich vorlegt, dann kommt man der äußerlichen Geschichte gegenüber an allen möglichen Punkten zu einem solchen inneren Erlebnis, wie es etwa der Astronom gehabt hat, der aus den Gravitationskräften heraus den Neptun vorausgesagt hat. Das Entdecken der betreffenden Wesenheiten ist im Grunde genommen auf geistigem Gebiet ein ganz ähnliches Ereignis wie beim Astronomen Leverrier, der den Neptun vorausberechnet hat. Er hat nicht irgendwie aus dem äußeren historisch-empirischen Tatbestand das wissenschaftliche Ergebnis zuzusammenkonstruiert – sei es positivistisch oder sei es skeptisch, indem er einfache Zusammenhänge ablehnte –, sondern hat die Daten, die gegeben sind, nach ihren wahren Qualitäten verfolgt und sich gesagt: Da muß irgend etwas wirken. – Ebenso wie sich der Astronom sagte, als er den Uranus beobachtete: Der läuft nicht so, wie er nach den Kräften laufen sollte, die ich schon kenne, da muß irgend etwas anderes da sein, was in das System dieser Kräfte einwirkt –, so kommt an allen möglichen Stellen der geschichtlichen Betrachtung der wirklich gewissenhafte Forscher dazu, zu erkennen, wie da Kräfte eingreifen. Er sieht das Eingreifen dieser Kräfte etwa so wie derjenige, der, sagen wir, irgendwo im Gestein eine Kalk- oder Kieselschale findet und einfach aus dem, wie diese Kieselschale aussieht, sich auch nicht sagt: Diese Kieselschale ist auskristallisiert aus der mineralischen Umgebung –, sondern er sagt sich: Die war einmal ausgefüllt, die ist in ihrer Form bedingt von irgendeinem Tier, das Tier ist nicht mehr da, aber man kann sich eine Vorstellung bilden von diesem Tiere. – Und wenn irgendein Wesen kommen würde, das in der Zeit gelebt hätte, wo das Tier lebte und in der Schale drinnen war, und erzählen würde, wie das Tier war, so würde sich ein solcher Anschauer des Tieres mit seiner Erzählung dem gegenüber, der die Schale hat, die ein deutlicher Abdruck davon ist, so verhalten wie der Geistesforscher, der aus innerer Anschauung zu demjenigen spricht, der die äußeren Tatsachen einfach seinem gesunden Menschenverstand vorlegt und aus ihrer Konfiguration sich sagt: Da muß ja etwas darin sein. – Was darin ist, das kann ihm nur der Geistesforscher sagen. Aber kontrollieren kann der Mensch, der sich aus dem Anschauen darauf einläßt, mit der gesunden Logik, mit der Tatsachenlogik, mit dem gesunden Menschenverstand aus der Form, die ihm vorliegt, durchaus dasjenige, was ihm der Geistesforscher sagt.

Es ist nicht nötig, daß man dem Geistesforscher blind glaubt. Gewiß, zum Entdecken solcher Dinge, wie ich sie dargestellt habe in «Die geistige Führung des Menschen und der Menschheit», gehört Geistesforschung. Wird das aber dargestellt, dann muß der Geistesforscher ganz offen zugestehen demjenigen, der dann die Tatsachen prüft, die der Geistesforscher aus dem, was er die höheren Wesenheiten nennt, erklären will, der die äußeren Tatsachen sieht, der alles sammeln kann, was ihm nur irgend zugänglich ist, er muß ihm zugestehen: Du kannst und darfst mir ordentlich auf die Finger klopfen, wenn du irgend etwas findest, was den äußeren Tatsachenfolgen widerspricht, die eintreten müssen, wenn meine Anschauung richtig wäre. –

Solche Dinge sind ja innerhalb unseres Freundeskreises wiederholt, sagen wir, mit Evangeliendeutungen, die rein aus der Geistesforschung gewonnen worden sind, aufgetreten. Sie sind aufgetreten auch in solchen Fällen, wie einer heute morgen angeführt worden ist. Ich habe mich ja mit mancherlei Literatur beschäftigt. Allein das Literaturwerk, das heute morgen Dr. Stein angeführt hat für das Todesdatum Christi, war mir bis zum heutigen Tag dem Verfasser nach unbekannt. Das habe ich niemals gesehen. Aber das ist natürlich nicht etwas, was man in der äußeren, objektiven Beweisführung anführen kann, ich sage das hier nur in Parenthese. Solche Dinge sind aber durchaus schon innerhalb unseres Kreises vorgekommen, daß Verifizierungen eingetreten sind, die auch durchaus objektiv zu nehmen sind. Und davon rührt es ja her, daß dieser rein subjektive Grad der Überzeugung, den viele unserer Freunde haben durch das lebendige Drinnenstehen im geisteswissenschaftlichen Betrieb, nicht auf blindem Glauben beruht, sondern auf dem Miterleben eben dieses Betriebes der Geisteswissenschaft, und daß daher aus einem anderen Tone heraus diejenigen reden, die diesen Betrieb der Geisteswissenschaft seit vielen Jahren mitgemacht haben, als diejenigen, die bloß aus der Theorie heraus reden.

Das sind Dinge, welche, wie ich glaube, durchaus zeigen, wie zusammenhängt in der Menschheitsentwickelung dasjenige, was ich nennen möchte die heutige wissenschaftliche und die Erkenntnissituation. Gewiß, alles hat Vorstufen. So hat auch das Experimentieren Vorstufen. Aber alles dasjenige, was Experimentieren vor der neuesten Epoche der Menschheit war, ist doch etwas Primitives gegen das ausgebildete Experimentieren, in dem wir heute drinnenstehen. Dieses ausgebildete Experimentieren hat, wenn man es, ich möchte sagen, im inneren Erlebnis in sich aufnimmt, durchaus etwas, was auf der anderen Seite fordert wiederum, daß das im Experiment Gewonnene, in diesem Experiment, das vom Verstand zusammengefügt wird – schon in der Versuchsanordnung ist es so: dasjenige, was man erlebt, erlebt man nicht im Experiment, sondern im Experimentieren, in dem Herstellen des Experiments –, daß das in der Seele etwas auslöst, was auf der anderen Seite Geisteserkennen notwendig macht. Wir haben das Erkennen abgerückt von der bloßen Beobachtung in das Experimentieren hinein. Erlebt man das, wie sich unterscheidet, was man erfährt durch ein Experiment, von dem, was man erfährt durch eine bloße Beobachtung, dann bekommt man einen Drang, auf der anderen Seite auch wiederum von der gewöhnlichen Selbstanschauung zu der erhöhten Selbstanschauung zu kommen, welche gegeben ist in dem Erkenntniswege, wie ich ihn geschildert habe. Es hängen diese Dinge zusammen. Ich möchte sagen, der Drang, der, wie ich glaube, heute dem wahrhaft erkennenden Menschen unentbehrlich sein sollte, der Drang nach der anderen Seite des Experimentierens, der liegt durchaus historisch vor aus einem elementarischen Verhältnis zum Experimentieren selber. Und das wissenschaftliche Ergebnis, das wir gewinnen an der äußeren Natur, stellt uns ja in vieler Beziehung eigentlich erst die Fragen. Und von einer richtigen Fragestellung hängt ja sehr viel ab, ob man eine richtige Antwort bekommt.

Dasjenige, was uns vielfach gegeben ist gerade durch die neuere Naturwissenschaft, ist für den Geistesforscher nur im Grunde genommen Fragestellung. Ob man dasjenige nimmt, was vorliegt, sagen wir in der neueren Astronomie, ob man dasjenige nimmt, was vorliegt in den modernen chemischen Anschauungen, wenn man diese Erkenntnisse in sich aufnimmt, dann entsteht notwendig die Frage: Ja, wie stehen diese Vorgänge zu dem, was im Menschen selber vorgeht? Gerade aus den wissenschaftlichen Ergebnissen, die entstanden sind durch das Hinausstellen der Beobachtung ins Experiment hinein, entstehen auf der anderen Seite Fragestellungen, die sich auf das Verhältnis des Menschen zur Welt beziehen. Und so wird man vielfach empfinden, daß die moderne Wissenschaftlichkeit demjenigen, der diese Wissenschaftlichkeit erlebt und nicht bloß über sie theoretisiert, die geisteswissenschaftlichen Probleme aufgibt, so daß er gar nicht anders kann, als von den Fragestellungen, die sich ihm ergeben, zu den geisteswissenschaftlichen Problemen vorzurücken. Im Jahre 1859 mag Darwin stehengeblieben sein bei demjenigen, was er in einer so außerordentlich ausdauernden und bis zu einem gewissen Grade sogar minuziösen Darstellung gegeben hat. Für denjenigen, der diese Dinge hinterher studiert, wird jedoch das, was er glaubt, daß es wissenschaftliches Ergebnis ist, zu einer Fragestellung.

Und dann hilft einem das Erlebnis, das man im Experiment hat. Aber man kommt auf der anderen Seite zur Erkenntnis des in sich selbständigen Wesens der Mathematik. Untersucht man, auf was eigentlich diese Mathematik so anwendbar ist, daß eine innerlich befriedigende Erkenntnis aus dieser Anwendung sich ergibt, so schließt sich das alles zusammen, was Wesen der Beobachtung, was Wesen des Mathematisierens ist, Wesen des durch Mathematik Gewonnenen, Wesen des Naturerkennens. Was aber ist dasjenige, was man im Experiment erlebt? Was entsteht dadurch, daß man sich in die Notwendigkeit versetzt fühlt, nun auch an alldem eine solche Erkenntnis zu gewinnen, die sich durchaus hineinwagen darf auch in das geschichtliche Erkennen? Man wird geneigt sein, überall solche Zusammenhänge zu suchen, deren Fäden eben nicht gegeben sind innerhalb des Materials der heutigen Wissenschaft. Erfaßt man aber dasjenige, was in diesem Zusammenhang Ordnung hineinbringt, so fühlt man, wie ich Ihnen heute angedeutet habe, von dem Naturerkennen des Menschen herauf zum geschichtlichen Erkennen in sich höhere Wesenheiten, rein geistig-seelische Wesenheiten sich enthüllen. Kommt man aber dazu, dann eröffnet sich auch die Pforte zur Betrachtung der in sich selbständigen geistigen Welt selber.

Meine sehr verehrten Anwesenden! Ich weiß sehr genau, wie vieles Unbefriedigende gerade diese skizzenhaften, aphoristischen Vorträge haben müssen. Aber ich habe vorgezogen dem Vortrag über ein eng begrenztes Kapitel das Vortragen von einem größeren Überblick, der allerdings in vielen Einzelheiten unausgefüllt bleiben mußte, damit Sie ein wenig unterrichtet werden dadurch, worin das Vorgehen der geisteswissenschaftlichen Erkenntnis, wie sie hier gemeint ist, eigentlich besteht, worauf sie zielt, und damit Sie auch ein Gefühl davon bekommen, daß schon angestrebt wird etwas, was nicht willkürlich, dilettantisch, phantastisch sein will, sondern was insbesondere in bezug auf seine Methode nachstrebt dem Exaktesten, was wir in dem Wissenschaftlichen nur haben. Denn daß die Mathematik so exakt ist, wie sie ist, rührt eben doch einzig und allein davon her, daß wir gewissermaßen dieses Mathematische innerlich erleben. Und so wie man wußte in der platonischen Zeit, warum man den Ausdruck «Gott geometrisiert» als Überschrift an der Schule brauchte, wußte, daß diejenigen, die hineingingen, in einer gewissen Weise geometrisch-mathematisch vorgebildet waren, so weiß die neuere Geisteswissenschaft, warum sie das von innerlicher heller Klarheit beleuchtete Mathematisieren zur Charakteristik desjenigen verwendet, was sie eigentlich will. Wenn Sie den Eindruck bekommen haben, daß namentlich der Methode nach das Vorgehen dieser anthroposophisch orientierten Geisteswissenschaft etwas ist, mit dem man sich irgendwie beschäftigen kann und worüber man so nachdenken kann, daß man sich die Frage aufwirft: Kann von da aus irgendeine Befruchtung ausgehen auf unsere übrigen Wissenschaften? – die damit nicht herabgesetzt werden sollen, sondern die gerade dadurch zu ihrem wahren Werte gebracht werden sollen, wenn wir das durch diese aphoristischen und, wie ich weiß, in gewisser Beziehung sehr ungenügenden Vorträge erreicht haben, dann sind die Absichten doch erfüllt, die ich diesen aphoristischen Betrachtungen zugrunde legen wollte.

ACHTER VORTRAG

Stuttgart, 23. März 1921

Wir sind am Ende unserer Hochschulkurse. Wir haben hinter uns eine Anzahl von Vorträgen, die von Persönlichkeiten gehalten worden sind, welche innerhalb unserer anthroposophischen Geisteswissenschaft seit längerer Zeit arbeiten. Wir haben hinter uns auch eine Anzahl von Seminarabhaltungen, welche dazu bestimmt waren, dasjenige auszubauen, was durch die verschiedenen Vorträge in einer mehr oder weniger skizzenhaften Weise ausgeführt wurde. Trotzdem wir ja sagen müssen, daß hinter den verehrten Teilnehmern eine arbeitsreiche Zeit liegt, so muß auf der anderen Seite aber wiederum berücksichtigt werden die Art, wie durch die Natur dieser Veranstaltung diese Zeit ausgefüllt werden mußte. Wir konnten ja doch nichts anderes machen, als gewissermaßen wie durch einzelne Fenster in ein Gebäude hineinfallen lassen das Licht, von dem wir glauben, daß es in unserer anthroposophisch orientierten Geisteswissenschaft vorhanden ist. Und wenn Sie bedenken, daß dasjenige, was innerhalb des Raumes liegt, der sich durch solche symbolisch gemeinten Fenster nach der Bewegung der Geisteswissenschaft öffnet, daß innerhalb dieses Raumes reichliche und in sich zusammenhängende Arbeit der verschiedensten Art liegt, die allerdings voraussetzt, daß, weil sie ja erst ein Anfang ist, sich eine weit reichere Arbeit noch an sie anschließe, wenn Sie das alles bedenken, so werden Sie einsehen, daß selbstverständlich nur außerordentlich weniges zutage treten konnte im Laufe dieser Veranstaltungen von dem, was, ich möchte sagen, mehr den Absichten nach hinter diesen und anderen ähnlichen unserer Veranstaltungen liegt.

Dasjenige, was in solchen Veranstaltungen, wie diese eine ist, von uns besonders beabsichtigt wird, ist dieses, daß wir nach allen Richtungen hin darauf Bedacht haben, daß ja zu diesen Veranstaltungen von uns die Studentenschaft gerufen werde und zu unserer Freude auch nun schon öfter zahlreich erschienen ist. Und wenn Sie auf unseren Willen schauen, werden Sie wenigstens sehen, daß wir uns dieser für unsere Bewegung so außerordentlich erfreulichen und bedeutungsvollen Tatsache bewußt sein wollen. Denn das erste, was wir zeigen möchten, wenn auch in einer noch so skizzenhaften Weise, das ist, daß in dieser anthroposophischen Bewegung waltet wirkliche Wissenschaftlichkeit. Mag auch noch manches andere an geistigen Absichten hinter ihr walten, das wird sie zu zeigen haben auf manche andere Art. Daß hinter ihr wissenschaftliches, ernstes wissenschaftliches Streben wenigstens dem Willen nach waltet, das vor allen Dingen soll gezeigt werden durch diese Veranstaltungen. Aber so wie die heutigen Zeitverhältnisse sind, muß derjenige, der diese Zeitverhältnisse versteht, sagen: Solche Wissenschaftlichkeit, solcher Wissenschaftsgeist, der unmittelbar Anteil hat an den Lebensbedingungen des Menschen und der Menschheit, der muß sich heute doch auch auf einem ganz bestimmten Felde in einer gewissen Weise bewähren, und es muß gezeigt werden können, daß er sich auf einem bestimmten Felde bewährt. Das ist das soziale Feld.

Es ist notwendig, daß aus dem Wissenschaftsgeiste der heutigen Zeit hervorgehen Ideen, die fähig und mächtig sind, um in das soziale Leben die soziale Gesundung zu tragen. Es genügt heute nicht, daß wir einen Wissenschaftsgeist haben, der den Menschen hineinruft in ein weltfremdes Dasein, sondern wir brauchen einen Wissenschaftsgeist, der dasjenige in der Menschheit heranentwickelt, was dieser Menschheit Impulse geben kann für die Gesundung unseres sozialen Daseins. Die soziale Frage steht da, rätselhaft in vieler Beziehung, dringend fordernd, aber auch in vieler Beziehung sogar drohend, und derjenige, der nur ein wenig seine Zeit versteht, muß sich sagen: Fragen fordern heute Lösung, die nur dann gelöst werden können, wenn diejenigen, die wissenschaftlichen Geist in sich aufnehmen, Einsicht haben in die Bedingungen des sozialen Lebens. Das glauben wir zu erkennen aus den bedeutungsvollsten Zeichen der Zeit heraus. Aus dieser Erkenntnis ist die anthroposophische Bewegung geworden, ist künstlerisch, wissenschaftlich und sonst kulturell gedacht das Zentrum unseres Wirkens, der Dornacher Bau, die Freie Hochschule für Geisteswissenschaft, das Goetheanum in Dornach. Wir wollen uns bewußt sein, daß wir aus echter Wissenschaftlichkeit heraus solche Impulse in uns beleben können, die nun wirklich auch sozial wirksam werden können.

Nun, wir versuchten unsere Vorträge so zu gestalten, wir versuchten die Seminararbeiten so einzuleiten, daß vielleicht doch hat erkannt werden können, wie wir wirklichen wissenschaftlichen Geist für die anthroposophische Bewegung erstreben, wie wir ferne sind aller Sektiererei oder Religionsgründerei und dergleichen Dingen, die man uns von dieser oder jener Seite, auf der man uns gar nicht oder sehr schlecht kennt oder böswillig verleumden will, zuschreibt. Wissenschaftlicher Geist aber kann sich nicht zeigen in dem erfahrungsgemäßen Inhalte desjenigen, was wissenschaftlich dargeboten wird, und derjenige, der irgendeinen Erfahrungsinhalt, sei er physisch-sinnlicher oder übersinnlicher Art, von vornherein ausschließen würde von der Wissenschaftlichkeit, der wäre selber nicht von wissenschaftlichem Geiste durchdrungen. Wissenschaftlicher Geist kann sich nur zeigen in der Behandlungsweise. Wissenschaftlicher Geist kann sich nur zeigen in der angestrebten Methodik, und nur daran wird man prüfen können, ob wir dasjenige, was wir aus sinnlichen oder übersinnlichen Erfahrungen an die Welt heranbringen, in wissenschaftlichem Geiste vorbringen, daß man beurteilt, ob wir in der Behandlungsweise, in unserer Methodik erstreben den Geist der Wissenschaftlichkeit, der in den anerkannten Wissenschaften waltet. Ob wir in der Behandlungsweise, in der Denkweise, in der wissenschaftlichen Gewissenhaftigkeit solches erstreben, das allein behandeln wir als eine berechtigte Diskussionsfrage, das betrachten wir als eine Diskussionsfrage insofern auch, als dieser wissenschaftliche Geist etwa, wie er in unserer Mitte getrieben wird, einer Verbesserung bedarf. Und überzeugt kann man sein davon, daß auf diesem Felde der Behandlungsweise, der Methodik, dasjenige wird ausgemacht werden müssen, was über die Wissenschaftlichkeit unserer Bewegung zu entscheiden hat, nicht aber auf dem inhaltlichen Gebiete irgendeiner Erfahrung. Kann man uns nachweisen, daß wir auf irgendeinem Feld da oder dort unlogisch, dilettantisch oder sonst irgendwie unwissenschaftlich vorgehen, so tue man das, und wir werden, da es uns im Ernste um den entsprechenden Fortgang unserer geisteswissenschaftlichen Bestrebungen zu tun ist, dann, wenn der Beweis gelingt, daß wir unlogisch, daß wir dilettantisch zu Werke gegangen sind, ohne irgendwie uns dagegen zu sträuben, die entsprechenden Verbesserungen in unserer Arbeit eintreten lassen. Wir werden auch in dieser Beziehung das Prinzip des Fortschritts in keinerlei Weise verleugnen. – Soviel über dasjenige, was der Diskussion über Wissenschaftlichkeit oder Unwissenschaftlichkeit unserer Bestrebungen zugrunde liegen muß.

Auf sozialem Gebiete haben wir erstrebt, dasjenige im Leben zu bewähren, was uns aus unserer Welterkenntnis hervorzugehen scheint. Wir haben gewissermaßen in die Realdiskussion hineingestellt dasjenige, was wir glauben als die Wahrheit in bezug auf Menschen- und Welterkenntnis anstreben zu müssen. Wir haben in den Seminarübungen gezeigt, wie die aus der anthroposophischen Bewegung hervorgegangene Waldorfschulbewegung in der lebendigen Handhabung der unterrichtlichen und erzieherischen Menschenbehandlung gewissermaßen zur realen Diskussion stellt, ob dasjenige, was durch unsere Geisteswissenschaft gefunden wird, auch sich bewähren kann in der Heranbildung des werdenden Menschen, und wir möchten, daß man einsehe, wie wir durchaus nicht bloß in fruchtlosen theoretischen Diskussionen uns erschöpfen möchten, sondern wie wir wollen die Wirklichkeit selbst erproben lassen dasjenige, was wir glauben als Wahrheit anstreben zu müssen. «Was fruchtbar ist, allein ist wahr», sagt Goethe. Und an ihrer Fruchtbarkeit muß die Wahrheit auch von demjenigen bewährt werden, der weit entfernt ist von der Philosophie des modernen Pragmatismus oder des Als-Ob. In dem Goetheschen Sinne können wir durchaus uns einverstanden erklären damit, daß, was fruchtbar ist, allein auch vor der Wirklichkeit seinen Wahrheitsbeweis liefert, insbesondere wenn es sich um soziale Wahrheiten handelt. Wenn dasjenige, was lebendig herausfließt aus der Geisteswissenschaft, wiederum lebendig einfließen kann ins Leben, und wenn das Leben zeigen kann, daß dasjenige, was unter dem Einflusse der erkannten oder der vermeintlichen Wahrheit erfolgt, etwas ist, was den Menschen tüchtig, lebenskräftig, mit innerer Sicherheit, mit Lust und Kraft zur Arbeit in das Dasein hineinstellt, dann ist das in einer gewissen Beziehung doch ein realer Beweis für die angestrebte Wahrheit. Auf der anderen Seite haben wir etwas versucht, was ja allerdings noch sehr im Anfang ist, ich möchte sagen: durch den Realbeweis wirken zu können. Wir haben ökonomische Dinge versucht im «Kommenden Tag», im «Futurum», durch die gezeigt werden soll, daß dasjenige, was auf geistige Art aus der Wirklichkeit stammt, daß das auch die Möglichkeit gibt, die Dinge des praktischen Lebens in dem richtigen Lichte zu sehen. Es ist gewiß heute noch nicht an der Zeit, davon zu sprechen, daß diese Dinge etwa schon irgendwie zeigen würden, daß sie die Voraussetzungen erfüllen. Aber mindestens das eine darf man uns zugestehen auch auf diesem Gebiete, daß wir es nicht gescheut haben, ein doch eigentlich auf rein geistigem Gebiet, aber mit Wirklichkeitssinn Gewonnenes, in die praktischen Gebiete des Lebens hineinzutragen, und daß wir dadurch doch immerhin bekunden, daß wir nicht zurückscheuen vor Realbeweisen. Wie die Dinge auf diesem Gebiete sich auch entwickeln mögen, das wird vielleicht im vollen Umfange nicht für das Wollen entscheiden können, weil man in solchen Dingen ja noch viel mehr als in der Erziehungs- und Unterrichtskunde abhängig ist von den Wirkungen des äußeren Lebens und von dem Verständnis, das man bei seiner Mit- und Umwelt findet.

Wenn wir so versuchen, Rechnung zu tragen den Zeichen der Zeit, die unmittelbar, ich möchte sagen, die geisteswissenschaftliche Forderung, wie aus verschiedenem, das hier ausgeführt worden ist, hervorgeht, vor uns hinstellen, die auf der anderen Seite die großen sozialen Fragen vor uns hinstellen, so versuchen wir aber auf der anderen Seite vor allen Dingen mit unseren Bestrebungen Rechnung zu tragen den inneren seelischen Bedürfnissen des Menschen. Es ist im Grunde genommen für denjenigen, der in diese Dinge hineinschaut, ein leichtes, auf einem Spezialgebiet, sagen wir auf dem Gebiet der Naturwissenschaften oder wiederum auf irgendeinem anderen Spezialgebiet, den Glauben zu hegen, daß man in einer unfehlbaren Methode, in einer unfehlbaren wissenschaftlichen Behandlungsart darinnen stehe. Aber ist dasjenige, was als Wissenschaft auftritt, nicht doch zuletzt nur dann wirklich fruchtbar für die ganze Menschheitsentwickelung, wenn es sich so einfügt in diese Menschheitsentwickelung, daß es das Leben des Menschen trägt? Und von dieser Voraussetzung aus frage ich Sie: Gibt es nicht irgend etwas, was in der heutigen Universität oder in ähnlichen Veranstaltungen doch gar sehr beirrend an die Menschenseele herantreten kann? Gewiß, man kann eintreten in das physikalische Laboratorium, man kann arbeiten im Seziersaal und kann meinen, mit einer unbedingt richtigen Methode zu arbeiten, und alle Dinge, die in Betracht kommen, wirklich zu überschauen und sie restlos – natürlich relativ restlos, den Zeitverhältnissen und der Stufe der Menschheitsentwickelung angemessen – zu erfassen. Aber für die Menschheitsentwickelung ist noch ein anderes notwendig. Es ist notwendig etwas, was vielleicht doch nicht in größerem Umfange geschieht, in seiner Bedeutung auch nicht richtig gewürdigt wird. Es ist notwendig, daß derjenige, der mit gutem wissenschaftlichem Geist, mit ernster wissenschaftlicher Gewissenhaftigkeit gearbeitet hat im chemischen Laboratorium, auf der Sternwarte, in der Klinik, nun eventuell auch betreten könne den historischen, den literarhistorischen, den kunstwissenschaftlichen Lehrsaal und dort etwas hören kann, was in einer inneren Gemeinschaft lebt mit demjenigen, was er sich in seinen Instituten erarbeitet hat. Es ist notwendig ja deshalb, daß eine solche Einheit bestehe, weil dasjenige, was auf den einzelnen Spezialgebieten erarbeitet wird, im Gesamtprozeß der Menschheitsentwickelung auch dann, wenn sich die einzelnen Menschen noch so sehr spezialisieren, doch schließlich zusammenwirken muß, deshalb auch aus einheitlichen Quellen hervorgehen muß.

Weil wir glauben, daß es heute nicht möglich ist, daß man diese Einheit unmittelbar erlebt zwischen, sagen wir, der historischen Lehrkanzel und der naturwissenschaftlichen Lehrkanzel, deshalb erstreben wir etwas, was hinter der Gesamtheit des wissenschaftlichen Betriebes steht und was aus dem, was allen gemeinsam ist, der geistigen Realität, heraus gewonnen werden kann. Auf das Erkennen dieser geistigen Realität stellen wir unsere Bestrebungen, diesem Erkennen der geistigen Realität suchen wir mit unseren schwachen Kräften seine Geltung und sein Recht zu verschaffen, und wir haben gewissermaßen angestrebt bei dieser und ähnlichen Veranstaltungen, daß Sie, meine verehrten Kommilitonen, zuschauen können, wie wir das treiben, wie wir das machen, und wir sind befriedigt darüber, daß Sie gekommen sind. Und wenn ich, ich möchte sagen, auf Spezielles nur streifend hinweisen darf, so sei es dieses. Ein langjähriger Mitarbeiter unserer geisteswissenschaftlichen Bewegung hatte vor kurzem einmal mit mir ein Gespräch. Er wies darauf hin, daß ich ja aus geisteswissenschaftlichen Untergründen heraussprechen müsse über zwei Jesusknaben. Er hat mir niemals früher von seiner Absicht gesprochen, dieser Sache auf rein äußerlichem Felde gewissenhaft nachzugehen. Er hat mir erst vor ganz kurzer Zeit davon gesprochen, als er mit seinen Untersuchungen zu Ende war. Er sagte mir, er habe die Evangelien restlos miteinander verglichen und durch einfachen Evangelienvergleich gefunden, daß diese Evangelien nur einen Sinn bekommen mit Bezug auf gewisse Tatsachenerzählungen, wenn man sie betrachtet unter dem Gesichtspunkt, der erst geisteswissenschaftlich gefunden worden ist.

Möge man so vorgehen auf allen Gebieten. Wenn man das tut, dann haben wir nicht die geringste Sorge darüber, daß unsere Geisteswissenschaft wird bestehen können. Denn wir fürchten uns nicht vor der Prüfung, wenn sie noch so sehr ins einzelne hineingeht. Wir fürchten uns nicht vor dem Verifizieren. Wir haben nur einige Sorge vor demjenigen, was sich an unsere Anschauung heranmacht, ohne daß es prüft, ohne daß es sich einläßt gerade auf die Prüfung der Einzelheiten. Je sorgfältiger man prüfen wird, desto beruhigter können wir mit unserer Geistesforschung sein. Das ist dasjenige, was wir als Bewußtsein in unserem Innersten tragen, und nur mit einem solchen Bewußtsein können wir ja schließlich die Verantwortung dafür übernehmen, daß wir Sie herrufen, die Sie stehen in den Bestrebungen, aus der Wissenschaft und dem wissenschaftlichen Geist heraus sich Ihr Leben zu zimmern. Wir haben, meine verehrten Kommilitonen, heute noch nicht die Möglichkeit, in derselben Weise Ihnen Dinge des äußeren Lebens zu bieten, wie sie Ihnen geboten werden können da, wo man unsere Bestrebungen manchmal in so merkwürdiger Weise ablehnt. Aber wir haben vielleicht die Berechtigung, aus Ihrem Erscheinen den Schluß ziehen zu dürfen, daß es unter der gegenwärtigen Jugend doch noch Seelen gibt, denen es vor allen Dingen zu tun ist um die Wahrheit und das Wahrheitsstreben. Deshalb gestehen wir – das darf wohl aus vollem Herzen heraus gesagt werden, und ich weiß, daß ich damit dasselbe sage, was auch die anderen Mitarbeiter an diesen Kursen von sich aus sagen würden –, wir gestehen von Herzen heraus, daß wir außerordentlich gerne und freudig hier mit Ihnen zusammengearbeitet haben, und das gereicht uns ja in gewisser Beziehung schon deshalb zu besonderer Befriedigung, weil auf der anderen Seite aus einem wirklich unsachlichen Wollen heraus heute die verleumderischen Angriffe nur so regnen und man merkwürdigerweise immer wieder und wiederum verlangt, wir sollten die Angriffe widerlegen. Wir tun in der Widerlegung so viel wir nur können und so viel wir nur Zeit haben. Aber man sollte doch berücksichtigen, daß derjenige, der eine Behauptung aufstellt, seinerseits den Wahrheitsbeweis zu führen hat. Sonst könnte man jedem jede beliebige Behauptung an den Kopf werfen und könnte von ihm verlangen, daß er all diese Anwürfe widerlege. Anwürfe gehen ja manchmal aus ganz besonderen Ecken hervor. Einem dieser Angriffe, auf den die anderen zumeist zurückgehen, liegt zugrunde, daß der betreffende Herr, der diesen Angriff führt, einmal eines der aufdringlichsten Mitglieder der anthroposophischen Bewegung war – ich sage das, indem ich mir bewußt bin des ganzen Gewichtes meines formulierten Wortes –, eines der aufdringlichsten Mitglieder der anthroposophischen Bewegung. Und herangetreten an unseren Philosophisch-Anthroposophischen Verlag ist der betreffende Herr mit einer Schrift, die zur Hälfte ein Plagiat von meinen noch unveröffentlichten Schriften, zur anderen Hälfte ein spiritistischer Unsinn war. Seine Schrift konnte nicht angenommen werden in unserem Verlag, und er verwandelte sich in wenigen Wochen aus einem aufdringlichen Anhänger in einen uns mit Schmutz bewerfenden Gegner, der es zuwege bringt, Dinge zu behaupten von dem Kaliber, daß er zum Beispiel mir die Schuld an dem unglückseligen Krankheitszustand einer Persönlichkeit zuschreibt, mit der ich überhaupt wenige Male im Leben nur ganz kurz gesprochen habe. Von dieser Art von Wahrheit sind die Dinge und bei manchen dieser Dinge glaubt die Welt gegenwärtig nur deshalb nicht, daß sie erlogen sind, weil man eigentlich gewöhnlich gar nicht voraussetzt, daß in dieser Intensität gelogen werden kann. Ich will Sie mit diesen Dingen nicht weiter behelligen. Aber ich möchte damit nur hingewiesen haben auf diejenigen Ecken, wo die Gegnerschaft sich entlädt in persönlichen Verleumdungen, statt daß der Versuch gemacht würde, ernsthaft diskutierend auf unsere Betrachtungen einzugehen.

Nun, was man uns so sehr übel nimmt, ist das, daß wir allerdings in einem wichtigen Punkt uns stellen müssen gegen wohlgemeinte Zeitbestrebungen. Wir können nicht in die allgemeine Bestrebung so ohne weiteres einstimmen, daß man dasjenige, was traditionelle Wissenschaft auf den verschiedensten Gebieten ist, einfach hinaustrage durch Popularisatoren in die weiteste Welt, sondern wir müssen einmal nach unserer Erkenntnis glauben, daß es schon auch noch nötig ist, in die Stätten, die sich heute so vielfach für unfehlbar halten, denen man so große Autorität entgegenbringt, von denen man glaubt, unverändert nehmen zu können dasjenige, was man hinauspopularisieren will, daß man in diese Stätten einiges Wissenschaftliche hineintrage, was noch nicht in ihnen ist, zur Befruchtung ihrer Wissenschaftlichkeit. Weil wir nicht bloß heraustragen wollen aus gewissen Stätten in die weite Welt den Geist der Wissenschaft, sondern weil wir auch einen anderen Geist der Wissenschaft hineintragen wollen, deshalb ist man uns in vieler Beziehung so furchtbar feind. Diese Dinge sollten ja in aller Ruhe und aller Objektivität von einer weiteren Welt durchschaut werden. Denn wir müssen es unverhohlen gestehen, wir brauchen ganz ernsthaft, wenn auch jeder von uns überzeugt ist von der inneren Wissenschaftlichkeit unserer Bestrebungen, das Mitwirken weiterer Kreise, und dasjenige, was uns am meisten drückt, was uns am meisten Sorge macht, das ist, daß wir so wenige Mitarbeiter haben, die wirklich ganz auf ihrem Posten stehen können. Deshalb ist es uns so wertvoll, daß jetzt seit einiger Zeit die studierende Jugend zu uns kommt. Wir vertrauen auf diese studierende Jugend. Wir glauben, daß ihrer Jugendkraft entsprießen kann gerade dasjenige, was wir brauchen. Deshalb möchten wir insbesondere mit Ihnen, verehrte Kommilitonen, auf unserem Felde zusammenwirken, soweit es die Zeitverhältnisse gestatten. Von diesem Geiste haben wir versucht durchdrungen sein zu lassen dasjenige, was wir arbeiten wollten auch innerhalb dieser Kurse. Vielleicht werden Sie doch die Überzeugung mit sich nehmen, daß es wenigstens unser Bestreben ist, in dieser Richtung zu arbeiten.

Ich ging davon aus, daß ich sagte: Dasjenige, was wir Ihnen bieten konnten, ich möchte es vergleichen mit einem abgeschlossenen Raum, der sich durch Fenster in die Außenwelt der Geisteswissenschaft öffnet, und wir wollten durch diese Fenster hereinleuchten lassen Fragmente von dem, was wir uns geisteswissenschaftlich als eine Welt der Erkenntnis zu erarbeiten suchen. – Indem ich wiederum zurückkomme auf diesen Vergleich, von dem ich ausgegangen bin, möchte ich, indem ich Sie herzlich auch am Schlusse dieses Kurses begrüße und Ihnen herzlichst ein «Auf Wiedersehen bei ähnlichen Gelegenheiten» zurufe, noch dieses sagen: Es ist im allgemeinen nicht meine Gewohnheit, mit Phrasen zu rechnen, auch dann, wenn die Phrasen altgeheilt sind, sondern ich möchte überall auf dasjenige zurückgehen, was der schlichte Ausdruck der Wahrheit ist. Es steht als eine prunkvolle Phrase vielfach in unseren Literatur- und Geistesgeschichten als letztes Wort des sterbenden Goethe: Licht, mehr Licht! – Nun, Goethe lag in einem kleinen Kämmerchen in einer finsteren Ecke, als er am Sterben war, und das gegenüberliegende Fenster hatte zugemachte Fensterläden. Ich habe aus meiner Goethe-Kenntnis heraus alle Ursache zu glauben, daß das Wort in schlichter Wahrheit geheißen hat: Machet die Fensterläden auf! – Aber indem ich damit ketzerisch verfahre mit einer prunkvollen Phrase meinem geliebten und verehrten Goethe gegenüber, möchte ich doch auch das schlichtere Wort am Schlusse unserer Kursarbeit Ihnen zurufen, indem ich sage: Ihnen, meine verehrten Kommilitonen, Ihnen rufe ich zu, indem wir uns mit Ihnen fühlen in dem Raum, der die Fenster öffnet nach geistiger Erkenntnis, durch die wir versucht haben, fragmentarisch das herein zu lassen, von dem wir meinen, daß es Licht ist, Ihnen rufe ich zu aus dem Geist heraus, der uns angeleitet hat dazu, Sie hierher zu rufen, Ihnen rufe ich zu: Machet die Fensterläden auf!

DISKUSSIONSVOTUM
im historischen Seminar

Stuttgart, 23. März 1921

Über Dante

Wenn man in dem gewöhnlichen Stile über Dante sprechen wollte, würde man der Erscheinung durchaus nicht gerecht werden. Man sollte fühlen, daß, wenn man an die großen Erscheinungen der geschichtlichen Entwickelung herankommt, es im Grunde notwendig wird, sich auszusprechen über die Art und Weise, wie man das geschichtliche Werden im Einzelnen, Konkreten auffaßt. Wenn man den alltäglichen Verlauf betrachtet, kommt das nicht in Betracht.

Herman Grimm führt zum Beispiel fünf Männer an, die ihm wichtig erscheinen für die Menschheitsentwickelung: David, Homer, Dante, Shakespeare, Goethe.

Man muß sich vor allem darüber klar sein, daß all das, was gesagt wird, unter der Voraussetzung gesagt wird: Was würde denn eben sein, wenn es keinen Dante gegeben hätte? Es kann hier nur ein einziger Gesichtspunkt gegeben werden.

Sie haben aus den Vorträgen entnehmen können, daß die heutige Zeitepoche annähernd im ersten Drittel des 15. Jahrhunderts beginnt. Kurz vor diese Zeit – ins 13. Jahrhundert – fällt das Wirken Dantes. Es tritt uns hier etwas entgegen, was in eigenartiger Weise einen Zeitraum abschließt, der mit dem 8. Jahrhundert v. Chr. beginnt. Es tritt uns eine Persönlichkeit entgegen, die eine so scharfe Trennung zwischen dem künstlerisch und imaginativ Angeschauten nicht hat, wie es die späteren Persönlichkeiten haben. Bei ihm fließt zusammen, was er innerlich in Bildern erlebt und was er dann in die Schilderungen verwebt, die er in der «Divina Commedia» gibt.

Wir müssen uns klar sein, daß er in einer Welt lebte, die heute untergegangen ist. Die Welt, die in so großartiger Weise durch Dante zur Offenbarung kommt, ist keine solche, die nur ein einzelner hat, sondern eine weitverbreitete. Wir können nachweisen, wie die Bilder, die Dante in seinem Werk bringt, in seinen Zeitgenossen lebten, die er übernommen hat, nicht etwa so, daß sie bei seinen Zeitgenossen in allgemeinen Mythen gelebt hätten, sondern auch so wie bei Dante. Nur ist diese Welt untergegangen und ist für uns konserviert worden in der «Commedia» Dantes.

Von der rein historischen Forschung ist heute eine Bresche geschlagen in die Anschauungsweise, als ob das, was dann nach Dante heraufgezogen ist und für die nächste Kulturepoche charakteristisch ist, nur eine Renaissance wäre. Konrad Burdach will darstellen, daß dem, was man sonst nur als Renaissance aufgefaßt hat, zugrunde liegt ein Nach-oben-Steigen von elementaren Kräften, daß sich in verschiedenen Punkten der Welt ein Drang bemerkbar macht, der nicht nur ein Zurückkehren zu einer alten Zeit ist.

Das zeigt, wie eine scharfe Trennung zu machen ist zwischen dem, was da heraufkommt und dem, was vorher liegt. In großartiger Weise tritt einem in Dantes Dichtwerk etwas entgegen, was man nur versteht, wenn man sich ganz hineinfindet in das noch Vorwissenschaftliche und Vorkünstlerische. Es tritt uns etwas entgegen, das man nur ganz vor sich hat, wenn man es aus der ganzen Seelenstimmung auffaßt, die wie ein mächtiges Aufflammen dessen, was im ganzen früheren Zeitraum hervorgetreten ist, sich darlebt. Es bedeutet natürlich durchaus noch viel anderes als das Abstrakte, das wir heute auffassen.

Gesagt darf werden, daß gerade solche Werke wie die «Commedia» Dantes durchaus darauf hinweisen, daß es nötig ist, sich an den historischen Dokumenten zu einem seelischen Erfassen des Inneren solcher Zeiträume heranzuarbeiten. Es ist ja Dante eine Persönlichkeit, die als unabhängig Denkender dasteht, andererseits aber einen stark religiösen Zug hat, so daß man sagen muß, man kann an Dante schon studieren das religiöse Element der Zeit. Man braucht ihn bloß zusammenzuhalten mit anderen Erscheinungen seines Zeitalters, zum Beispiel mit Giotto, und man wird finden, wie dieser bildende Künstler in viel intensiverer Weise im Vorglanz der Morgenröte des kommenden Zeitalters darinnen steht, wie er bereits viel stärker Abschied genommen hat vom alten Zeitalter, während man in Dante jene Persönlichkeit sehen kann, durch die man, wenn man sich in sie vertieft, gerade zu einem Erleben des vorhergegangenen Zeitalters kommt.

Der äußere, empirische Geschichtsverlauf ist nur dadurch zu verstehen, daß auch vieles nicht geschehen ist, für das aber doch die geistigen Kräfte vorhanden waren; und wenn man diese Kräfte verfolgen kann bis in die einzelnen Persönlichkeiten hinein, so wird man dann auch etwas Positives antworten können auf die Frage, was geschehen wäre, wenn zum Beispiel Dante nicht gelebt hätte.

Werden die Grundkräfte, statt sich theoretisch in Begriffen und Vorstellungen zu bewegen, unmittelbar Leben, namentlich in der Geschichtsbetrachtung, dann werden sie ein Zusammenwachsen des Menschen bewirken mit den Werdekräften des Daseins, in denen der Mensch schließlich doch innerlich lebt, und in denen er nicht unwissend bleiben darf, weil auch Niedergangskräfte wirken, und die Aufgangskräfte erfaßt werden sollen.

Hinweise zu dieser Ausgabe

*

Namenregister

*

Übersicht über die
Rudolf Steiner Gesamtausgabe

HINWEISE

Zu dieser Ausgabe

Zu den Vorträgen: Dieser Kursus wurde von Rudolf Steiner innerhalb des «Freien Anthroposophischen Hochschulkurses» gehalten. Er wurde vom «Bund für anthroposophische Hochschularbeit» (Stuttgart, 12. bis 23. März 1921) veranstaltet.

Textunterlagen: Wer die Vorträge mitgeschrieben hat, ließ sich nicht mehr ermitteln. Wahrscheinlich sind die Nachschriften von Karl Lehofer, einem Mitarbeiter des Wissenschaftlichen Forschungsinstitutes beim Kommenden Tag. Für die 2. Auflage 1972, innerhalb der Gesamtausgabe, wurde der Text aufgrund der vorhandenen Nachschriften neu durchgesehen, wodurch einige in der ersten Buchausgabe 1948 fehlende Textstellen eingefügt werden konnten.
Für die 3. Auflage 1991 ergab der Vergleich mit allen vorhandenen Unterlagen einige wenige Verbesserungen; einzelne sind in den folgenden Hinweisen vermerkt.

Zum Titel des Bandes: Die Vorträge Rudolf Steiners wurden vom Bund für anthroposophische Hochschularbeit mit folgendem Titel angekündigt: «Mathematik, wissenschaftliches Experiment, Beobachtung und Erkenntnisergebnis vom Gesichtspunkte der Anthroposophie». Ob diese Formulierung von Rudolf Steiner stammt, ist ungewiß; doch erschienen die Erstveröffentlichung 1930 in der Zeitschrift «Die Drei» sowie die erste Buchausgabe 1948 mit diesem Titel. Für die 2. Auflage der Buchausgabe 1972 wurde der Titel von den Herausgebern geändert in «Naturbeobachtung, Mathematik, wissenschaftliches Experiment und Erkenntnisergebnisse vom Gesichtspunkt der Anthroposophie». Der Titel der 3. Auflage stammt von den gegenwärtigen Herausgebern.

Zu den Zeichnungen: Außer denjenigen auf den Seiten 34, 37, 38 sind neue Zeichnungen hinzugekommen. Sie wurden von einem ehemaligen Kursteilnehmer, Herrn Konrad Weidler, Heidenheim, zur Verfügung gestellt. Er hatte seinerzeit die Tafelzeichnungen Rudolf Steiner abgezeichnet.

Frühere Veröffentlichungen: Zeitschrift «Die Drei», 9. Jg., 1929–1930, Hefte 9–12, und 10. Jg., 1930–1931, Hefte 1–3.

Hinweise zum Text

Werke Rudolf Steiners innerhalb der Gesamtausgabe (GA) werden in den Hinweisen mit der Bibliographie-Nummer angegeben. Siehe auch die Übersicht am Schluß des Bandes.

zu Seite

10 den von Kant einmal getanen Ausspruch, *daß in jeder einzelnen Wissenschaft nur soviel wirkliches Wissen, wirkliche Erkenntnis stecke, als in ihr Mathematik vorhanden ist:* Wörtlich: «Ich behaupte, daß in jeder besonderen Naturlehre nur so viel *eigentliche*

Wissenschaft angetroffen werden könne, als darin *Mathematik* anzutreffen ist.» Immanuel Kant (1724–1804): Vorrede zu «Metaphysische Anfangsgründe der Naturwissenschaft», 1786.

11 *Johann Friedrich Herbart*, 1776–1841, deutscher Philosoph, Psychologe und Pädagoge.

15 *David Hume ein sehr richtiges Wort ausgesprochen hat:* David Hume (1711–1776), englischer Philosoph. In seinem Hauptwerk «Enquiry concerning human understanding» (Untersuchungen über den menschlichen Verstand); erster Teil, fünfter Abschnitt: «Skeptische Lösung dieser Bedenken», 1748.

Wir beobachten die äußere Welt: Siehe vorangehenden Hinweis.

20 *worüber wir auch noch zu sprechen haben werden:* Dieses Thema wurde nicht mehr aufgegriffen.

26 *Plato von seinen Schülern verlangt:* Plato (427–347 v. Chr.) «Die *Mathematik* würdigte Platon gleichsehr als nach ihrer Verwendung im Leben und nach ihrem formalen Bildungsgehalt, wie nach ihrer propädeutischen Stellung zur Spekulation, ... (als) Umwendung des Geistes vom Materiellen zum Gedanklichen (Rep. p. 552, sq.) Die Erhebung derselben zu einem Elemente des Geistesleben und einer Vorschule der Spekulation wurde, von Pythagoras begonnen, erst von Platon durchgeführt.» Siehe «Geschichte des Idealismus» von Otto Willmann, Braunschweig 1894, S. 394.

27 *Ausspruch Platos: «Gott geometrisiert»:* Wörtlich «Gott geometrisiert fortwährend». Er ist durch die «Tischgespräche» des Plutarch überliefert, wobei Plutarch bemerkt, daß dies Wort sich zwar in keiner der Schriften Platos finde, aber dennoch sehr echt klinge und ganz aus seinem Geiste sei.

eine Andeutung fallen wird: Siehe den 8. Vortrag dieses Bandes S. 136.

28 *in diesen sieben Vorträgen:* Das von Rudolf Steiner gehaltene Nachwort wurde hier als achter Vortrag angegliedert.

30 *in meinem Buch «Von Seelenrätseln»..., was im Menschen beim musikalischen Auffassen vorgeht:* Siehe «Von Seelenrätseln», GA-Nr. 21, S. 152.

31 *bei einer urphänomenalen Willensbetätigung:* Zum Begriff des Urphänomens siehe das Kapitel «Das Urphänomen» in «Einleitungen zu Goethes Naturwissenschaftlichen Schriften», GA 1.

32 *ein Professor der Anatomie:* Prof. Dr. *Hugo Fuchs*, Göttingen; siehe den Aufsatz Rudolf Steiners «Abwehr eines Angriffs aus dem Schoße des Universitätswesens», abgedruckt in «Über die Dreigliederung des sozialen Organismuses», GA 24, S. 457.

40 *Theodor Ziehen*, 1862–1950, Psychologe. In seiner «Physiologischen Psychologie», 1. Aufl. Jena 1890, 10. und 16. Vorlesung.

42 *Da wird gesagt, der Raum sei... a priori in der menschlichen Organisation enthalten:* Siehe Immanuel Kant (1724–1804), «Kritik der reinen Vernunft», Abschnitt «Von dem Raume», 2. Aufl. 1787.

43 Der Anfang des Vortrags nimmt Bezug auf Gegnerfragen und wird zusammen mit anderen ähnlichen Textstellen in einem gesonderten Bande der Gesamtausgabe erscheinen.

53 *...was er nach dem Muster des Mathematisierens in den Bildern des imaginativen Vorstellens sich vorlegt:* Die Nachschrift hat «des Imaginierens» statt «des Mathematisierens», was verwirrend ist. Die Verwirrung ist aber hauptsächlich durch inkonsequente Korrektur veranlaßt: 9 Zeilen über unserer Stelle ist vom «mathematischen Imaginieren» die Rede, und in Fortführung dieser Charakterisierung wurde auch 4 Zeilen später von «Imaginieren» statt «Mathematisieren» gesprochen, ebenso nochmals 4 Zeilen später von «imaginiert» statt «mathematisiert». Es ist dabei also immer «Imaginieren» im Sinne von «mathematischem Imaginieren» gemeint. In der hier jetzt korrigierten Zeile ist aber das mathematisch gemeinte Imaginieren mit dem im eigentlichen Sinn gemeinten zusammengestoßen, was eine Verständnisschwierigkeit ergibt. Nun wurde irrtümlicherweise gerade an dieser letzten Stelle der uneigentliche Gebrauch des Wortes Imaginieren nicht korrigiert, sondern nur an den 2 vorangegangenen Stellen. – Der ursprüngliche Sprachgebrauch in den 10 Zeilen zeigt, wie sehr es Rudolf Steiner hier darauf angekommen ist, die Verwandtschaft des Imaginierens mit dem Mathematisieren zu betonen.

62 *wie es bei Gustav Theodor Fechner der Fall ist:* Gustav Theodor Fechner (1801–1881), Physiker und Philosoph, in seinem Hauptwerk «Zend Avesta oder über die Dinge des Himmels und des Jenseits», 1851, 4. Aufl. Leipzig 1919, S. 139 ff.

70 *ich selbst habe... einen Chemieprofessor gehabt:* Hugo von Gilm. Siehe Rudolf Steiner «Mein Lebensgang», GA-Nr. 28, S. 43.

78 *Phylogenie:* Die Lehre von der Stammesgeschichte der Lebewesen

Ontogenie: Die Lehre von der Entwicklung des Einzelindividuums, von der Eizelle bis zum vollentwickelten Zustand.

79 *ich war dadurch genötigt, die Zahl der Sinne... auf zwölf zu erweitern:* Nachdem Rudolf Steiner bereits im 1909 in den Vorträgen über «Anthroposophie», die in dem Band «Anthroposophie, Psychosophie, Pneumatosophie», GA 115, erschienen sind, erstmalig eine Aufstellung von zunächst dreizehn Sinnen gegeben hatte – zehn gewöhnliche und drei «übersinnliche» Sinne –, stellte er im Jahre 1916 in dem Zyklus «Weltwesen und Ichheit», GA 169, zum ersten Male eine Zwölfheit der Sinne auf, eine Anordnung, die er von da an beibehielt. Siehe dazu: Hendrik Knobel «Zur Sinneslehre Rudolf Steiners», in: Beiträge zur Rudolf Steiner-Gesamtausgabe, Nr. 14, Michaeli 1965.

80 *Giordano Bruno-Vereinigung:* Giordano Bruno-Bund für einheitliche Weltanschauung (Berlin). Siehe dazu die Ausführungen Rudolf Steiners in «Mein Lebensgang», Kapitel XXIX, GA 28.

Theodor Meynert (1833–1892), Professor der Medizin in Wien, Vertreter des erkenntnistheoretischen Idealismus; Schriften: «Zur Mechanik des Gehirnbaues», 1874, «Gehirn und Gesittung».

Herbartianer: Anhänger des Herbart, siehe Hinweis zu Seite 11. Wer hier gemeint ist, konnte nicht ermittelt werden.

81 *Zeichnung:* Die neue Zeichnung (vgl. dazu die Vorbemerkung «Zu dieser Ausgabe») ist sehr anders als die frühere. Woher der Unterschied stammt, ist unaufgeklärt. Die neue Zeichnung hat zwei Figuren, was sachlich zutreffender ist.

82 *Theodor Ziehen:* Siehe Hinweis zu S. 40.

86/87 *Moriz Benedikt,* 1835–1920. «Aus meinem Leben», Wien 1906, S. 38.

87 *etwas anderes im menschlichen Organismus... zeichnen konnten:* Dieser Satz ist lükkenhaft überliefert. Die Worte *«anderes, als das Nervensystem* und *konnten* sind ergänzt.

94 *Plato,* 427–347 v. Chr.

Aristoteles, 384–322 v. Chr.

98 *aber es dem Inhalt nach nicht sind:* In der Nachschrift stehen die Worte «nicht dem Inhalte nach» eingeschoben nach «Und allmählich» des nächsten Satzes. Sie wurden bei der ersten Veröffentlichung des Kurses in der Zeitschrift «Die Drei» (1929/30) in den vorangehenden Satz eingegliedert, wo sie inhaltlich hingehören.

101 *er redet gar nicht von irgendeinem Ding an sich, das hinter den Phänomenen gesucht werden müßte:* Goethe «Sprüche in Prosa»: «Man suche nur nichts hinter den Phänomenen, sie selbst sind die Lehre.»

106 *Heilige Therese* (von Avila), 1515–1582.

Mechthild von Magdeburg, um 1212 bis ca. 1280.

109 *Ich habe einmal vorgetragen:* «Anthroposophie, Psychosophie, Pneumatosophie». Zwölf Vorträge Berlin 1909/1910/1911, GA 115. Siehe die ersten vier Vorträge über «Anthroposophie» vom 23.–27. Oktober 1909, zur Zeit der Generalversammlung der Deutschen Sektion der Theosophischen Gesellschaft, Oktober 1909. Siehe auch Hinweis zu S. 79.

Es wurde wiederum die Generalversammlung... abgehalten: Die Generalversammlung der Deutschen Sektion der Theosophischen Gesellschaft, November 1910 in Berlin.

Ich hatte dann angekündigt... einen anderen Vortragszyklus: Die vier Vorträge vom 1.–4. November 1910, die unter dem Titel «Psychosophie» im oben erwähnten Band «Anthroposophie, Psychosophie, Pneumatosophie» (GA 115), erschienen sind.

es gab auch andere Gründe: Siehe dazu: Rudolf Steiner/Marie Steiner-von Sivers «Briefwechsel und Dokumente 1901–1925», GA 262, Brief von Rudolf Steiner an Eduard Selander, Helsingfors, S. 301, wie auch: «Grenzen der Naturerkenntnis». Acht Vorträge Dornach 1920, GA 322, 1969, S. 105/106.

110 *Sie liegt heute noch so:* Dieses bereits in Druckbogen vorliegende Buch wurde aus dem Nachlaß unter dem Titel «Anthroposophie. Ein Fragment» im Jahre 1951 erstmals veröffentlicht. Eine um seitdem neu aufgefundene Texte erweiterte Neuherausgabe erschien in der Gesamtausgabe Dornach 1970, GA 45.

111 *Es ist im wesentlichen die Niere:* Siehe dazu «Das Verhältnis der verschiedenen naturwissenschaftlichen Gebiete zur Astronomie». Achtzehn Vorträge Stuttgart 1921, Schluß des 15. Vortrages, GA 323.

112 *sondern nun noch einen anderen Vortragszyklus... halten sollte:* Siehe 3. Hinweis zu S. 109.

116 *die Sie in meinen Büchern beschrieben finden:* Siehe die Übersicht über die Rudolf Steiner Gesamtausgabe am Schluß dieses Bandes unter A. Schriften, I. Werke.

119 *was ich schon beim vorigen Kursus hier angeführt habe:* Siehe «Grenzen der Naturerkenntnis». Acht Vorträge Dornach 1920, GA 322, im 8. Vortrag Seite 116.

121 *was ich... vorgetragen habe... über Pathologisches:* Siehe «Geisteswissenschaft und Medizin». Zwanzig Vorträge 1920, GA 312.

den ich nächstens fortsetzen werde: «Geisteswissenschaftliche Gesichtspunkte zur Therapie». Acht Vorträge Dornach 1921, GA 313.

127 *darauf habe ich hier heute morgen hinweisen können im historischen Seminar:* Siehe Anhang Seite 146 ff.

Herodot, 484–424 v. Chr., griechischer Geschichtsschreiber, genannt «Vater der Geschichte».

Dante Alighieri, 1265–1321.

128 *Martin Luther,* 1483–1546.

Konstantin, genannt der Große, um 288–337 n. Chr., römischer Kaiser von 324–337.

Julian der Abtrünnige: Von 361–363 römischer Kaiser.

128/129 *Es liegt hier ein Problem vor:* Das Problem wurde von Rudolf Steiner weiter verfolgt und einige Jahre später dargestellt in «Initiations-Erkenntnis», 13 Vorträge Penmaenmawr 1923, im Vortrag vom 31. August, GA 227; und in «Esoterische Betrachtungen karmischer Zusammenhänge», Band V, 16 Vorträge, Prag, Paris und Breslau 1924, GA 239, im Vortrag vom 5. April 1924.

129 *aus der «Commedia»:* «Divina Commedia» von Dante.

ich habe gerade diesen Teil der Geschichte schon... einmal geschildert: Es dürften die Vorträge «Okkulte Geschichte, GA 126, gemeint sein, insbesondere der 5. Vortrag.

130 *meinem Büchelchen «Die geistige Führung des Menschen und der Menschheit»:* GA 15.

131 *Leverrier, der den Neptun vorausberechnet hat:* Die Auffindung des Neptun gelang auf Grund der Unregelmäßigkeiten, die sich in der Bewegung des 1781 entdeckten Uranus herausstellten. Leverrier in Paris fing im Sommer 1843 an, sich mit der Uranustheorie zu beschäftigen und seit November 1843 teilte er seine Ergebnisse der Pariser Akademie mit. Am 23. September 1846 fand dann Johann Gottfried Galle (1812– 1910), damals Observator der Berliner Sternwarte, nahe der ihm von Leverrier bezeichneten Stelle ein neues Sternchen achter Größe, dessen planetarische Natur bereits am nächsten Abend an der Ortsveränderung erkannt werden konnte.

132 *das Literaturwerk, das heute morgen Dr. Stein angeführt hat:* Wohl im historischen Seminar, siehe den Anhang auf S. 146. Dr. Walter Johannes Stein war Geschichtslehrer an der Waldorfschule, wo dieses Seminar abgehalten wurde. Der Titel des Werkes konnte bisher nicht ermittelt werden.

134 *Im Jahre 1859 mag Darwin stehengeblieben sein:* Charles Darwin (1809–1882), in seinem Werk «Entstehung der Arten durch natürliche Zuchtwahl», London 1859 (On the Origin by means of Natural Selection, on the Preservation of Favoured Races in the Struggle of Life).

135 *«Gott geometrisiert»:* Siehe Hinweise zu S. 27.

136 *Hochschulkurse:* Siehe Einleitung zu den Hinweisen.

139 *Waldorfschulbewegung:* Die «Freie Waldorfschule» wurde durch Emil Mott im Herbst 1919 in Stuttgart als «Einheitliche Volks- und höhere Schule» begründet und durch Rudolf Steiner geleitet. Seither entstanden zahlreiche weitere Waldorf- oder Rudolf Steiner-Schulen in vielen Ländern der Erde. Siehe Rudolf Steiner: «Die pädagogische Grundlage und Zielsetzung der Waldorfschule», Dornach 1970, sowie die grundlegenden pädagogischen Vortragskurse: «Allgemeine Menschenkunde als Grundlage der Pädagogik», GA 293; «Erziehungskunst. Methodisch-Didaktisches», GA 294; «Erziehungskunst. Seminarbesprechungen und Lehrplanvorträge», GA 295.

«Was fruchtbar ist, allein ist wahr»: Goethe in seinem Gedicht «Vermächtnis» (Gott und die Welt).

Pragmatismus: Die philosophische Lehre, die das Wissen, das Denken nur unter dem Gesichtspunkt der Nützlichkeit betrachtet. Hauptvertreter: William James (1842–1910), nordamerikanischer Philosoph. Vergleiche sein Werk: «Pragmatisme» 1907, deutsch von Jerusalem unter dem Titel «Pragmatismus» 1908.

die Philosophie ... des Als-Ob: Die Lehre vom Geistesleben als bewußter Fiktion. Hans Vaihinger, deutscher Philosoph (1852–1933), in seinem Werk, «Die Philosophie des Als-Ob», 1911.

141 *Ein langjähriger Mitarbeiter:* Adolf Arenson (1855–1936). Seine Arbeit veröffentlichte er unter dem Titel «Die Kindheitsgeschichte Jesu. Die beiden Jesusknaben», Stuttgart 1921 (vergriffen).

143 *herangetreten an unseren Philosophisch-Anthroposophischen Verlag:* Der Verlag wurde im Jahre 1908, ausschließlich zur Herausgabe der Werke Rudolf Steiners, als Philosophisch-Theosophischer Verlag von Marie von Sivers (Marie Steiner) gegründet. Im Jahre 1913 wurde der Name in Philosophisch-Anthroposophischer Verlag abgeändert anläßlich der Begründung der Anthroposophischen Gesellschaft. Der Angriff, «auf den die anderen zumeist zurück gehen», ist derjenige von Max Seiling. Er begann mit dem Artikel «Zum Fall Steiner» in den «Psychischen Studien» (Jg. 54, 1917), wo auch erste Entgegnungen erschienen, und wurde fortgesetzt in der Schrift «Die anthroposophische Bewegung und ihr Prophet» (1918). Vgl. dazu Karl Heyer, «Wie man gegen Rudolf Steiner kämpft», Ernst Surkamp Verlag, Stuttgart 1932.

146 *Herman Grimm führt zum Beispiel fünf Männer an:* Wörtlich: «Die mächtigsten Männer, welche die Jahrtausende menschlicher Geschichte kennen, sind fünf vor und nach Christus lebende Dichter gewesen: David, Homer, Dante, Shakespeare, Goethe.» Herman Grimm (1828–1901), «Raphael als Weltmacht», Aufsatz in «Fragmente», 2 Bände, Berlin 1900–02.

147 *Konrad Burdach,* 1859–1936, Professor der Sprach- und Literaturforschung in Halle. Siehe die Ausführungen Rudolf Steiners in «Von der Initiation». Acht Vorträge München 1912, GA 138, 1986, S. 148/149.

Giotto, 1266–1337, italienischer Maler.

NAMENREGISTER

* = ohne Namensnennung

*Arenson, Adolf   141 f.
Aristoteles   94

Benedikt, Moriz   86 f.
«Aus meinem Leben»   87 f.
Burdach, Konrad   147

Dante Alighieri   127–129, 146–148
«Divina Commedia»   129, 146–148
Darwin, Charles   134
David (König)   146

Fechner, Gustav Theodor   62
*Fuchs, Hugo   32

*Gilm, Hugo von   70
Giotto   148
Goethe, Johann Wolfgang von   101 f., 120, 139, 145 f.
Grimm, Herman   146

Herbart, Johann Friedrich   11, 80 f.
Herodot   127
Homer   146
Hume, David   15 f.

Julian Apostata   128

Kant, Immanuel   10, 19, 42
Konstantin der Große   128

Leverrier, Urbain Jean Joseph   131
Luther, Martin   128

Mechthild von Magdeburg   106 f.
Meynert, Theodor   80

Plato   26 f., 94

Shakespeare, William   146
Stein, Walter Johannes   132
Steiner, Rudolf
  Werke und Vorträge:
  Wahrheit und Wissenschaft (GA 3)   14
  Wie erlangt man Erkenntnisse der höheren Welten? (GA 10)   68, 74, 96
  Die Geheimwissenschaft im Umriß (GA 13)   98
  Die geistige Führung des Menschen und der Menschheit (GA 15)   130, 132
  Die Rätsel der Philosophie (GA 18)   51, 74, 94
  Von Seelenrätseln (GA 21)   28, 29, 30
  Anthroposophie. Ein Fragment (GA 45)   109–113
  Anthroposophie, Psychosophie, Pneumatosophie (GA 115)   109 f., 113
  Geisteswissenschaft und Medizin (GA 312)   121
  Geisteswissenschaftliche Gesichtspunkte zur Therapie (GA 313)   121
  Grenzen der Naturerkenntnis (GA 322)   119

Strindberg, August   128

Therese von Avila   106 f.

Ziehen, Theodor   40, 82 f., 91
  «Leitfaden der physiologischen Psychologie»   40, 82 f.

RUDOLF STEINER GESAMTAUSGABE

Gliederung nach Rudolf Steiner – Das literarische
und künstlerische Werk. Eine bibliographische Übersicht
(Bibliographie-Nrn. *kursiv* in Klammern)

A. SCHRIFTEN

I. Werke

Goethes Naturwissenschaftliche Schriften, eingeleitet und kommentiert von R. Steiner,
  5 Bände, 1884–97, Neuausgabe 1975 *(1a-e);* separate Ausgabe der Einleitungen, 1925 *(1)*
Grundlinien einer Erkenntnistheorie der Goetheschen Weltanschauung, 1886 *(2)*
Wahrheit und Wissenschaft. Vorspiel einer «Philosophie der Freiheit», 1892 *(3)*
Die Philosophie der Freiheit. Grundzüge einer modernen Weltanschauung, 1894 *(4)*
Friedrich Nietzsche, ein Kämpfer gegen seine Zeit, 1895 *(5)*
Goethes Weltanschauung, 1897 *(6)*
Die Mystik im Aufgange des neuzeitlichen Geisteslebens und ihr Verhältnis zur modernen
  Weltanschauung, 1901 *(7)*
Das Christentum als mystische Tatsache und die Mysterien des Altertums, 1902 *(8)*
Theosophie. Einführung in übersinnliche Welterkenntnis und Menschenbestimmung, 1904 *(9)*
Wie erlangt man Erkenntnisse der höheren Welten? 1904/05 *(10)*
Aus der Akasha-Chronik, 1904–08 *(11)*
Die Stufen der höheren Erkenntnis, 1905–08 *(12)*
Die Geheimwissenschaft im Umriß, 1910 *(13)*
Vier Mysteriendramen: Die Pforte der Einweihung – Die Prüfung der Seele –
  Der Hüter der Schwelle – Der Seelen Erwachen, 1910–13 *(14)*
Die geistige Führung des Menschen und der Menschheit, 1911 *(15)*
Anthroposophischer Seelenkalender, 1912 *(in 40)*
Ein Weg zur Selbsterkenntnis des Menschen, 1912 *(16)*
Die Schwelle der geistigen Welt, 1913 *(17)*
Die Rätsel der Philosophie in ihrer Geschichte als Umriß dargestellt, 1914 *(18)*
Vom Menschenrätsel, 1916 *(20)*
Von Seelenrätseln, 1917 *(21)*
Goethes Geistesart in ihrer Offenbarung durch seinen Faust und durch das Märchen von der
  Schlange und der Lilie, 1918 *(22)*
Die Kernpunkte der sozialen Frage in den Lebensnotwendigkeiten der Gegenwart und
  Zukunft, 1919 *(23)*
Aufsätze über die Dreigliederung des sozialen Organismus und zur Zeitlage 1915–1921 *(24)*
Kosmologie, Religion und Philosophie, 1922 *(25)*
Anthroposophische Leitsätze, 1924/25 *(26)*
Grundlegendes für eine Erweiterung der Heilkunst nach geisteswissenschaftlichen Erkenntnissen, 1925. Von Dr. R. Steiner und Dr. I. Wegman *(27)*
Mein Lebensgang, 1923–25 *(28)*

II. Gesammelte Aufsätze

Aufsätze zur Dramaturgie 1889–1901 *(29)* – Methodische Grundlagen der Anthroposophie 1884–1901 *(30)* – Aufsätze zur Kultur- und Zeitgeschichte 1887–1901 *(31)* – Aufsätze zur Literatur 1886–1902 *(32)* – Biographien und biographische Skizzen 1894–1905 *(33)* – Aufsätze aus «Lucifer-Gnosis» 1903–1908 *(34)* – Philosophie und Anthroposophie 1904–1918 *(35)* – Aufsätze aus «Das Goetheanum» 1921-1925 *(36)*

III. Veröffentlichungen aus dem Nachlaß

Briefe – Wahrspruchworte – Bühnenbearbeitungen – Entwürfe zu den vier Mysteriendramen 1910–1013 – Anthroposophie. Ein Fragment aus dem Jahr 1910 – Gesammelte Skizzen und Fragmente – Aus Notizbüchern und -blättern – *(38–47)*

B. DAS VORTRAGSWERK

I. Öffentliche Vorträge

Die Berliner öffentlichen Vortragsreihen, 1903/04 bis 1917/18 *(51–67)* – Öffentliche Vorträge, Vortragsreihen und Hochschulkurse an anderen Orten Europas 1906–1924 *(68–84)*

II. Vorträge vor Mitgliedern der Anthroposophischen Gesellschaft

Vorträge und Vortragszyklen allgemein-anthroposophischen Inhalts – Christologie und Evangelien-Betrachtungen – Geisteswissenschaftliche Menschenkunde – Kosmische und menschliche Geschichte – Die geistigen Hintergründe der sozialen Frage – Der Mensch in seinem Zusammenhang mit dem Kosmos – Karma-Betrachtungen – *(91–244)*
Vorträge und Schriften zur Geschichte der anthroposophischen Bewegung und der Anthroposophischen Gesellschaft *(251–265)*

III. Vorträge und Kurse zu einzelnen Lebensgebieten

Vorträge über Kunst: Allgemein Künstlerisches – Eurythmie – Sprachgestaltung und Dramatische Kunst – Musik – Bildende Künste – Kunstgeschichte *(271–292)* – Vorträge über Erziehung *(293–311)* – Vorträge über Medizin *(312–319)* – Vorträge über Naturwissenschaft *(320–327)* – Vorträge über das soziale Leben und die Dreigliederung des sozialen Organismus *(328–341)* – Vorträge für die Arbeiter am Goetheanumbau *(347–354)*

C. DAS KÜNSTLERISCHE WERK

Originalgetreue Wiedergaben von malerischen und graphischen Entwürfen und Skizzen Rudolf Steiners in Kunstmappen oder als Einzelblätter: Entwürfe für die Malerei des Ersten Goetheanum – Schulungsskizzen für Maler – Programmbilder für Eurythmie-Aufführungen – Eurythmieformen – Entwürfe zu den Eurythmiefiguren u. a.

*Die Bände der Rudolf Steiner Gesamtausgabe
sind innerhalb einzelner Gruppen einheitlich ausgestattet.
Jeder Band ist einzeln erhältlich.*